日韓をつなぐ「白い華」綿と塩
明治期外交官・若松兎三郎の生涯

永野慎一郎
NAGANO Shinichiro

明石書店

はじめに

日本と韓国は一衣帯水《いちいたいすい》の隣国であり、二〇〇〇年以上の交流の歴史がある。長い歴史の中で不幸な時代もあったが、友好な交流が続いていた時代の方がむしろ長い。両国は相互依存関係であり、互いにもちつもたれつの関係である。古代から近代に至るまで中国やインドなど東洋文明が盛んな時代には、仏教文化や儒教思想などをインドや中国などから学び、伝統的な文化として発展させた朝鮮の知識人たちが大陸文化を日本に伝えた。

「論語」や「千字文」を日本にもたらしたのは応神天皇の時に百済《くだら》から渡来した王仁《わに》博士である。また、陶磁器の技巧を日本人に教えたのは朝鮮の技工たちである。この時代に、朝鮮半島から日本に渡ってきた渡来人たちが当時の先進技術や思想と哲学を日本に伝え、文化交流の伝道師の役割を果たした。

一九世紀に入り、東洋諸国が鎖国政策を堅持し、文明開化に遅れていた時代に日本はいち早く西洋文明を受容し、近代化を始めた。日本は欧米諸国から学んだ西洋的な価値観や知識などを領土拡張のために利用し、植民地支配の手段として使用した。その過程において朝鮮や中国などアジア近隣諸国に苦痛と苦難をもたらした時期があったことは確かである。そしてこの時期に発生した歴史上の問題が未だに解決されず、ずっと尾を引いているのだ。国民の大多数は戦後生まれであり、当時の歴史的な事実などを正確に知らない人が大部分である。歴史の真実を直視し、正しい歴史観をもち、真実に向き合う姿勢が大事であり、「負の遺産」を次の世代にまで引きつがせるべきではないと考える。同時に、寛容の精神も重要である。二度とそのようなことが起こらないように確認し合い、認め合い、赦し合いながら、未来志向の新しい関係を切り開いていくことがもっと重要である。共に生きる道を切り拓くことである。

日本と韓国は自由民主主義と市場経済など価値観を共有しており、地理的に最も近い隣国同士であり、経済的に相互依存関係であることから、お互いに困っている時は助け合いながら、交流を続け、友好関係を維持してきた歴史がある。

最近、過去の歴史認識をめぐって、両国民の間で一部のマスコミに流行っているように「反日」「嫌韓」の風潮が見られる。歴史的な事実関係の確認もなく、現象だけを伝えているマスコミのセンセーショナルな報道に起因するところが大きい。一部の人たちの過激な行動が映像または活字で大きく報道されると、視聴者たちは相手国の国民全体の意思として受け入れる傾向がある。正確さを欠く事柄であるにもかかわらず、一断面が一方的に伝えられると、誤った認識が注入され、事実関係が歪められる。その不正確な事実に基づく反応が反射的に相手側に伝えられ、さらに反感を呼ぶという悪循環となっている。このように、誤認や誤解により相手側に対する悪いイメージが形成され、国民感情として現れているのが昨今の日韓関係である。

世界の潮流はグローバル化が進み、人・物・資本・情報などが国境を超えて自由自在に移動している時代である。もはや一国のみの生存は困難であり、共に生きるという考え方が必要である。また、国家、民族、宗教、文化などの伝統的な価値観を超えた柔軟な思想や発想が求められている。自国の国益を優先することは当然であるが、目先の利益を追求するのではなく、広く、深く、先を見るという物の見方が重要である。

李王朝末期の大韓帝国時代に韓国木浦《モッポ》領事館領事として勤務しながら、〝陸地綿《りくちめん》〟という米国種綿花と〝天日塩《てんぴじお》〟を導入して韓国の産業発展に少なからぬ貢献をし、日韓両国の共生のために尽力した明治時代の外交官・若松兎三郎《わかまつとさぶろう》という人物に光を当てることにした。

大分県玖珠町《くすまち》の山村で生まれた若松兎三郎は、小学校課程を終えると、勉学のため京都に行き、同志社英学校に入学した。同志社と言えば、新島襄《にいじまじょう》がキリスト教の教育理念に基づいて設立した私立学校である。若松は同志社に入って西洋帰りの新進気鋭の教師たちや宣教師たちから西洋の学問および知識を学び、多様な価値観および世界観を知った。若松少年にとっては〝天運〟ともいえる京都政財界の巨頭である田中源太郎《げんたろう》に出会ったことが運命の始まりであった。田中源太郎は同志社時代の学費だけでなく、東京帝国大学進学を勧め、学費や生活費など、親代わりとしてすべて負担してくれた。田中源太郎は若松兎三郎の将来性を見込んで、支援を続けた。田中という支援者がいたから若松は経済的に不自由なく、勉学に励むことができた。

若松の原点は同志社の学生時代にあった。新島襄などからキリスト教精神について講義を受け、「良心」「自由」「人類愛」「多様性」などを学ぶうちに、キリスト教徒として生きることを決心し、洗礼を受けクリスチャンとなった。若松の人生観および世界観は同志社で教育を受けるうちに自然に形成された。

外交官として国際的な仕事をしたいという夢を持っていた若松は東京帝国大学法学部在学中に外交官試験にチャレンジし、一回目に難関を突破して首席で合格した。外交官としての最初の勤務先が京城（現在のソウル）公使館であった。一八九六年三月から一年間、京城公使館で勤務してから、ニューヨーク領事館に転勤し二年半勤務した。中国の杭州《ハンジョウ》および沙市《サシ》領事を歴任してから、一九〇二年七月、韓国木浦領事に赴任した。木浦領事赴任が若松にとって韓国との運命的な関わりであった。

当時、日本の紡績業界は大量の原綿を外国から輸入していた。主要綿種である米国種陸地綿を紡績業界は主要原料としていたため、国を挙げて国内栽培を試みたが、気候が適さないため日本列島では栽培不可能であることが分かった。その栽培地を探している話を中国巡回中の農商務省局長から聞いた若松は、中国の綿作に関する知識に精通していたことから、新しい勤務地の木浦が地理的に中国の綿産地に類似していることを鑑み、綿花栽培に特段の関心を持って臨んだ。

木浦領事就任後、若松は素晴らしいアイデアが閃いた。木浦地方の天然資源の豊富さに驚き、未開発の資源の多いことに勇気が湧いた。日本にはない天然資源を日本との協力で開発すれば、韓国の産業発展に寄与することになり、それが日本の関連業界への原料提供に役立つことになれば、

〝一挙両得〟となると考えた。とりわけ可能な産業として浮上したのが〝陸地綿〟と〝天日塩〟であった。〝陸地綿〟と〝天日塩〟は若松によって提唱され、日韓協働で推進された産業である。綿業および天日製塩業は優秀産業として発展し、戦後韓国の自立経済確立に多大な貢献をしたことは広く知られている。しかし、それが若松兎三郎の功績であるということはあまり知られていない。

若松兎三郎は外交官として、そして植民地の地方行政官として忠実に働いた誠実な官吏であった。日本の官吏として日本の国益のために働いたことはいうまでもないが、同時に韓国の産業開発は韓国の人々の生活向上になるという認識を持っていた。若松は文化の差異や多様な価値観を認めるなかで、現地の人々の立場を理解しようとし、日本の国益だけでなく、共に利益が得られる共生の道を見つけようとした。日韓の共生が若松の崇高な思想であり、高貴な価値観であった。若松は外交官身分を活用して、単なる提言ではなく、それを実現させるために綿密な計画を立て、基礎調査をして確実な資料に基づいて関係省庁や有力政治家などを説得した。他の外交官から見れば、外交官として非生産的な行動であると見られたかも知れないが、若松は個人的な利害関係を省みず、日韓共生のために必要な業務として考えた。斬新な発想であるだけでなく、誠心誠意、忍耐強く取り組んだ成果であった。〝陸地綿〟と〝天日塩〟の導入という奇抜なアイデアが実を結び、韓国の産業発展に寄与し、歴史に名前を残した。

鄭然泰《チョンヨンテ》教授は、若松兎三郎が木浦領事の時、韓国農業実態について調査・研究し、その結果を土台に日本の政策決定に影響を及ぼした人物であると紹介し、一九〇四年四月に外務大臣小村寿太《こむらじゅた》郎宛《ろう》に発送した領事報告「未開墾地開拓権取得方ノ件」について書いた。若松の主張によれば、大規模土地を買収するにしても韓国人を利用し小作経営する場合は特に困難なことはない。しかし、買収した土地から韓国人小作農民を追い出して日本人に農事経営をさせることは困難である。なぜならば、この場合は韓国農民の生計を奪うことになることから、社会的衝突を起こすおそれがあるからである。したがって、若松は農事改良と日本人の農民移住の目的を達成するためには既開墾地買収方式よりは未開墾地の開墾方式を採用することが適切であると判断し、その成功の可能性を楽観していた。若松の韓国農民への思いやりの一端をのぞかせている。

若松兎三郎は人生の重要な時期の大部分を韓国で暮らした。韓国の文化に愛着を持っていた。公職を終え、日本に帰国してから、戦時中、日本国内で様々な差別を受け、苦境に立たされていた在日韓国人たちの人権擁護のために走り回った。植民地支配下であった当時の状況から考えれば、誰でもできることではないし、容易なことではない。「在日」の人たちの要請を受けて京都府知事や警察部長などを度々訪問し、人権問題として適正な措置を取ることを陳情した記録が残っている。人類愛を持ち、困った人たちを見て見ぬふりができなかった良心的な日本の知識人であったと韓国で評価されている。

現在、韓国国内で日本の植民地時代の歴史的な出来事に関して固定観念によって単眼で見るのではなく、複眼で見る必要があるとし、たとえ植民地政策として行われたことであったとしても、それが結果的に韓国の近代化に役立ったのであれば、評価に値するという考え方が広がっている。

その一環として若松兎三郎の業績が評価の対象となり、〃陸地綿〃の発祥地である木浦・高下島《コハド》に再び綿の花が咲き、観光名勝地として脚光を浴びている。若松兎三郎は日本と韓国の共生のために働き、日韓間の架け橋の役割をした歴史上の人物として登場している。

一〇〇年以上前の文献や記録から若松兎三郎に関する記録を探すことは容易ではなかった。外交文書や当時の書物の一部に記録として残っているにすぎなかった。しかし、その中に重要な記録が眠っていることが分かった。なかでも若松が木浦領事として勤務していた時期は日露戦争の準備期と重なっていたことから、日本政府が秘密裏に進めていた日露戦争準備作業が木浦周辺において行われ、若松兎三郎が領事として深く関与していたことを知ることができた。秘密にされていた『極秘　明治三十七八年海戦史』（海軍軍令部編）が公開されるようになり、その内容の存在が明るみになった。日露戦争研究では意外に知られてない貴重な資料が防衛研究所に保存されている。若松兎三郎研究との関連で知り得た付随的な収穫である。その一端も本書の中で紹介した。

若松兎三郎研究を始めるにあたって、まず手掛かりとして若松兎三郎の子孫が関連資料を保存しているかも知れないという思いから、インターネットを通じて遺族などに呼びかけるとともに、あらゆる手段を通じて探索した。出身地の大分県玖珠町に子孫または親族が居住していないかと町役場に問い合わせしたが、親族は見当たらないという返事であった。若松という苗字の名前を玖珠町や京都の個人別電話帳を頼りに一軒ずつ電話で確認してみたが、該当者は見つからなかった。若松家の男子は大阪や他県に居住し、女子は結婚して姓が変わったので、電話作戦には引っかからなかった。幸いに娘婿の一人が著名な画家であったことから、その画家の作品を扱っていた京都の画廊を通じてお孫さんたちと連絡が取れるようになった。

若松兎三郎の子孫と出会い、兎三郎翁が晩年口述して作成した自叙伝『自己を語る』など関連資料や写真などを入手した。この自叙伝が本書の骨格である。この自叙伝を基に関連資料を収集し、遺族との面談やメール、または書信などで連絡を取り合いながら、資料を補充して肉付けしたのが本書である。

若松家の家宝とも言える自叙伝『自己を語る』をはじめ、貴重な資料や写真などを快く提供してくださり、また、家族関係等の筆者の疑問や問い合わせに対して丁寧に対応していただいた、直系孫の若松正身《まさみ》氏に感謝申し上げたい。また、少年期、祖父・兎三郎と一緒に生活していたとして、思い出話や家族関係などの詳細を書き送ってくださった高須俊明《たかすとしあき》日本大学医学部名誉教授と石割怜《いしわりれい》子《こ》氏にお礼を申し上げたい。殊に高須教授は本稿の最終稿をきめ細かくチェックし、貴重なご意見を寄せていただいた。重ねてお礼を申し上げる。また、若松家の遺族との連絡がとれるようにしていただいた星野画廊の星野桂三《けいぞう》氏に感謝しなければならない。星野氏は若松兎三郎の娘婿で夭折《ようせつ》した画家岡本神草《しんそう》・緑夫妻に関する資料や絵の写真などを提供していただいた。

本書が世に出ることによって、帝国日本の植民地における官吏という立場にありながらも良心に基づいて行動し、民族を超越して生きようとした若松兎三郎の生き方が日韓交流の良き事例となり、共生のための一つのモデルになれば望外の喜びである。

目次

若松兎三郎（73歳頃）

日韓をつなぐ「白い華」綿と塩
明治期外交官・若松兎三郎の生涯

序章　日韓の架け橋となった明治期外交官・若松兎三郎

陸地綿と天日塩の導入、韓国の産業発展に寄与

青い海に白い波が華《はな》のように浮かんでいる。綿《わた》のようでもあり、塩のようでもある。朝鮮半島西南端に位置する木浦《モッポ》港の対岸にある高下《コハド》島の地に立って白い波を眺めながら、今までほとんど知られることがなかった一人の人物――植民地支配という厳しい環境下にありながら日本と韓国の共生のために架け橋になろうとしていた日本人――の足跡を追ってきたこれまでの日々に思いを馳せた。

その人物とは、明治期の外交官、若松兎三郎《わかまつとさぶろう》である。

若松兎三郎は二〇世紀の初め、朝鮮王朝最後の大韓帝国時代に木浦領事館領事として就任し、当

地に〝陸地綿《りくちめん》〟および〝天日塩《てんぴじお》〟を導入した。近代韓国社会において〝綿花〟と〝塩〟は国民生活に不可欠な生活必需品である。それを産業として発展させ、韓国社会に多大な貢献をしたのは若松兎三郎という日本の領事であった。

一九〇二年に木浦領事に赴任した若松兎三郎は、木浦地方が温暖な気候のうえ、天然資源が豊富であることに着目した。気象条件などを綿密に調査し、研究した結果、綿花の栽培地として、特に綿種の中でも世界の大宗を占める米国種陸地綿の栽培地に適していることがわかった。そして中国や台湾で生産されている天日塩が木浦地方で生産可能であると判断した。この〝陸地綿〟と〝天日塩〟は、若松の提言によって開発が進められた。

一九〇四年、若松兎三郎は木浦高下島において私費で米国種陸地綿を試験栽培した。栽培の結果が良好であることを確認した若松は外務省に報告し、日韓共同で陸地綿の栽培を要請した。こうして若松の誠意と努力によって朝鮮半島において綿花奨励政策が推進されることとなった。その結果、朝鮮半島全地域に綿花栽培地が拡大され、綿業は主要産業として発展した。綿業の発展は韓国の農村社会の生活向上に寄与し、衣服文化の発展をもたらした。

木浦高下島には、「朝鮮陸地棉発祥之地」の石碑がある。その石碑は陸地綿導入に尽力した若松兎三郎の功績を讃えるための記念碑である。記念碑は一九三六年に高下島の試作地に綿花栽培三十周年記念会によって建てられたものであるが、戦後、所在不明になっていた。記念碑の裏面には「明治三十七年木浦駐在大日本帝国領事若松兎三郎氏此地ニ初メテ陸地棉ヲ耕作ス」と刻まれてい

「朝鮮陸地棉発祥之地」記念碑（木浦市観光課提供）

る。

日本の敗戦によって植民地支配から解放された韓国の民衆は、陸地綿発祥地記念碑は日本の植民地支配の遺物であり、収奪の象徴としてみなしていた。そのような時代の中で、記念碑は何者かによって倒され、畑の片隅に放置されていたが、それを見かねていた老農夫が人目につかない場所に移して密かに保管していた。

植民地支配から解放され、独立国となった韓国は急速に経済成長を成し遂げ、民主化が進み、さらなる発展を目指している過程で、植民地時代の歴史についても見直そうという動きがあらわれた。

特に、木浦は開港以来、日本との関係が深かった土地柄である。日本の植民地時代の遺産が数多く残っている。良し悪しは別にして歴史の証左である文化遺産は保存すべきであるという世論が形成され、その中で、陸地綿の発祥地である高下島に関心が集まり、関連史料を点検している中で「朝鮮陸地棉発祥之地」記念碑の存在がわかった。

記念碑の存否を確認した当時の丁鍾得《チョンジョントク》木浦市長は、敵産（植民地時代の資産）であっても記念碑は文化遺産としての価値があるとして保存を決定し、二〇〇八年八月、元の場所に復元した。さらに、木浦市は記念碑付近に綿花畑を造成し、市民や観光客に広く広報するために、陸地綿発祥之地記念碑と綿花畑を観光コースとして指定した。若松兎三郎が一九〇四年に綿花を試作してから、一〇九年ぶりに試作地の高下島の地において再び綿花の花が咲くようになった。綿花畑は夏季になると、多彩な綿の花が咲き、市民の憩いの場所となっている。

若松兎三郎が導入した陸地綿は、やがて全国に広がり、衣服や寝具の材料として国民の生活の中に深く浸透し、長い間、国民の間で親しまれていた。しかし戦後、世界的にナイロンやポリエステルなどの化学繊維が流行し、綿業は徐々に衰退していった。近年では綿花の栽培は一部の地域で観光用として栽培されているにすぎない。

陸地綿の栽培および普及は日本の国策として始まったという経緯があるため、韓国における陸地綿の導入は植民地政策の一環として推進されたと考えられていた。そのような観点から、陸地綿導入にあたって若松兎三郎が取り入れた先進的な考え方は知られず、その業績は評価されてこなかったのである。

朝鮮半島には四世紀頃から文益漸《ムンイクチョム》が中国から持ってきたアジア綿という在来綿が広く普及していた。新品種の陸地綿の質が在来綿に比較して優れていたことから、在来綿は徐々に減少し、一九四〇年代初めにはほとんど見られなくなった。綿花を最初に伝えた文益漸は教科書に記載されるほど、韓国では誰もが知っている人物である。綿花と言えば、文益漸が連想され、文が伝来したものというイメージが強い。それに比べて若松兎三郎は、こと綿花については全く知られていない一領事であり、陸地綿は植民地支配の負の遺産であるという認識から研究の対象にもならなかった。

若松兎三郎が木浦領事として勤務したのは一九〇二年から一九〇六年までの約四年間、日本の植民地支配に入る前の大韓帝国時代であった。若松兎三郎は明治天皇の信任状を持参して主権国家大韓帝国における木浦領事に就任した。したがって、木浦領事館勤務時は外交官としての職務であった。日本国領事の職責を持つ外交官であると同時に、韓国との間で締結された条約を遵守し、現地の官吏と交渉にあたる立場でもあった。しかしその後、統監府時代を経て、日韓併合後は総督府による植民地支配が本格的に推進された。

若松兎三郎は最も働き盛りの時期に韓国で暮らした。若松の生涯において最も輝かしい功績として遺されたのは木浦領事時代に取り組んだ〝陸地綿〟と〝天日塩〟である。若松にとって領事という外交官の身分が自由闊達《かったつ》に働けるエネルギー源であった。若松は領事としての職責を活用して韓国の産業発展のために奮闘した。それこそ自分ができる日韓共生への道であると考えたからである。

若松はアメリカ大陸や中国に外交官として勤務しながら、二つの大国の産業を観察し、日本の将来を展望した時、産業資源が乏しい日本においては開発に限界があることを悟っていた。それならば、日本では不可能であっても韓国で可能な産業分野があれば、日本と韓国が協力して開発を推進することによって、共に利益が得られる。韓国の産業発展に寄与することになり、同時に日本の関連産業への原料供給に貢献できるのであれば、〝一挙両得〟ではないかと若松は考えた。つまり共益の思想の発想である。

木浦で発見した新しい可能性にチャレンジ

木浦領事に着任するや、木浦地方の気温、雨量、風土などを丹念に調査し、開発可能な新産業を探索した。着任前から関心を持っていた綿作については特別な思いで取り組んだ。その中で、新しい可能性として浮上したのが、米国種陸地綿の栽培であり、もう一つは天日製塩であった。陸地綿は日本では気候の関係上栽培できない事情があるため、日本の紡績業界は大量の原料を海外から輸入していた。また、天日塩は日本では生産されない塩の種類で大量の塩を生産できるというメリットがあった。

若松領事は全羅南道《チョルラナンド》地方の産業を用意周到に調査した。調査研究の結果を踏まえて、小村寿太郎《こむらじゅたろう》外務大臣宛に米国種陸地綿の試験栽培を要請する領事報告を送った。若松は直ちに政府の賛同が得られるとは思わなかったが、そうかと言って諦めるわけにもいかなかった。とりわけ〝頭の固い役所〟といわれる外務省が出先の領事からの一片の報告書に応えてすぐ行動する役所ではないことは百も承知であった。しかし若松なりに強い信念を持っていた。豊富な天然資源の開発が日本の協力によって進めば、韓国の人々の生活向上に役立つことになり、日本の産業界においても原料輸入が容易であれば、共に利益が得られる。日韓「共生」の象徴として考えていた。

日本政府からの返答はなかったが、いつまでも待つわけにはいかなかった。自ら行動を起こすしかないと判断した若松は、私費で米国種陸地綿を試作することにした。農事試験場大阪畿内支場《きないしじょう》から米国種陸地綿をはじめ、いくつかの種類の綿花の種子を取り寄せて、一九〇四年五月、木浦高下島の畑において試験栽培した。これが朝鮮半島における陸地綿栽培の始まりである。試験栽培の成果が良好であったことから、この快挙に共感した原敬《はらたかし》（のちの総理大臣）など有力政治家たちの呼びかけによって農商務省官僚、紡績業界、実業家などの有志による日本棉花栽培協会が設立された。棉花栽培協会の支援を受けて国策として朝鮮半島における陸地綿栽培の奨励事業が推進されたのである。こうして陸地綿の普及および綿作の改良によって綿作農家が増加し、綿産業は韓国の主要産業として発展した。

若松領事が提唱したもう一つのヒット産業は天日製塩であった。広大な干潟《ひがた》地を活用して天日塩を生産すれば大量生産が可能となり、食塩不足問題の解決と同時に、食塩の輸入による財政負担の軽減になると考えた。理に適ったアイデアであった。

若松は中国や台湾の天日塩生産地と地理的、気候的に類似している全羅南道地方の広大な干潟地に着目した。日本政府に調査のための専門技師派遣を要請し、天日製塩試験場設置を提案した。それが契機となって天日製塩が始まった。若松は韓国における天日製塩のパイオニアとなったのである。戦後韓国政府によって天日製塩業の民営化が推進され、それまでに官業に圧迫されて経営不振に陥っていた南部地方の製塩業者が政府および地方自治体の助成を受けて、干潟地を干拓して天日塩田を築造した。民間業者の参入による天日製塩業の活性化によって塩の生産量が急増し、一九五五年頃から国内消費を充足させ、余分を輸出に回した。この時点で韓国の製塩業は輸入国から輸出国へと転換した。製塩業は朝鮮戦争後の疲弊していた経済状況の中で、自立経済確立を牽引した。

以上述べたように、若松兎三郎が〝陸地綿〟および〝天日塩〟を韓国に導入し、韓国の産業発展に貢献したことは歴史的な事実として明らかである。これらの事実は若松兎三郎が外務大臣などに送った領事報告など外交文書の中に詳細に記録されている。この歴史記録は外務省外交史料館の書庫に保存されている。しかし、これらの産業開発は植民地時代の負の遺産であるという認識から若松に対する正当な評価がなされてこなかった。日本国領事若松兎三郎の提唱によって推進され、日本の技術および資金協力によって始まったとしても、真っ先にその恩恵を受けたのは韓国の人々であり、作り上げる過程において現地の農民や労働者たちの努力の産物であったということも理解しなければならない。同時に、それに関わった多くの人々の苦労と喜びが存在しているという事実にも目を向けなければならない。このような意味では日韓協働の成果であったと言えないことはない。

若松兎三郎は、三〇歳代半ばの働き盛りの活力溢れる時期で、正義感と使命感に満ち溢れていた時期でもあった。普通の外交官であれば、外交官としての実益が伴わない仕事はしないというのが一般的であろう。しかし若松は違った。たとえ自分に利がなくとも、やると決めたらやり遂げるという信念と使命感があった。果敢かつ忍耐強く、誠意をもって現地の人々を説得し、政府関係者を動かして常人にはできない偉業を達成したのである。

若松兎三郎への評価

最近、韓国において歴史認識に関して変化が生じている。以前は植民地時代の産物は無条件に否定的な見地から見る傾向が強かったが、単眼で見るのではなく、複眼で見る必要があるという意見があらわれた。過去を乗り越えて、未来に向けた日韓関係を構築するためには、偏狭なナショナリズムに基づく歴史観ではなく、複眼で歴史的な事実を見る必要がある。歴史を直視し、過去の歴史を教訓として、自論を主張すべきことは主張し、議論し、相手の意見の認めるべきことは認めるという姿勢こそ重要である。日本の植民地時代の遺産であっても、それが韓国の産業発展に貢献したということであれば、そういう事実に関しても研究すべきであるという考え方である。

反面、日本においても植民地時代の行為を無批判に肯定するような言動は慎むべきである。過去の歴史は真摯に受け止め、認めるべきことは素直に認め、反省すべきことは誠実に反省する姿勢が重要である。むしろ重要なことは過去よりも未来である。お互いの意思を尊重し、相互理解に努めることによってはじめて未来が切り拓けるのである。

このような動きの中で、若松兎三郎という人物の功績に光が当てられた。植民地時代の日本の高官ではあったが、良心的な日本人で、日韓の共通の利益という高尚な理念を持ったコスモポリタンであり、「善良な日本人」であるという評価である。

若松は朝鮮の風習や伝統文化を愛し、神の下で人間はみな平等であるという信念をもって植民地支配下の韓国の人々に接した。そのような若松の思想は同志社において創立者の新島襄《にいじまじょう》をはじめ、欧米で教育を受けてきた新進気鋭の教師や宣教師たちから教えられたキリスト教精神にもとづく教育や多様な人々との交流を通じて形成された。若松は、同志社英学校の二年生の時に洗礼を受け、キリスト教の思想と理念を誠実に実践しようとし、クリスチャンとして「地の塩」と「世の光」になろうと決心した。

したがって、産業開発に取り組む時も現地の人々の生活向上を考え、国家や民族を超越して共生への道を切り拓くために苦悩し、それを模索し、行動力で成果を上げた。

そのような若松の思想と行動は彼が帰国し、京都に居住していた時、戦時中、数々の圧迫に苦しめられていた在日朝鮮人の人権擁護のために尽力したことからもうかがえる。

韓国における若松兎三郎に関する評価の一環として、二〇一五年九月、若松兎三郎の評伝『綿の花とその日本人――外交官若松の韓国二六年』(金忠植《キムチュンシク》著)が出版された。若松兎三郎に関する最初の書籍である。

同書の出版は韓国のマスコミ界で大きな反響を呼んだ。従来なら無視される範疇の書籍であったが、韓国を代表する有力紙のほとんどが書評や紹介記事を掲載した。

総督府の高級官僚であった若松兎三郎を主人公として登場させたことに驚きながらも、「韓国の産業発展に貢献した善良な日本人」を韓国人はほとんど知らなかったと指摘し、日韓をまたがって行われた研究プロジェクトによる新事実の発掘であると評価した。また、韓国と日本の関係を事実のまま評価することも価値あることであり、意義のある努力である。この点で、「善良な日本人」若松兎三郎の生き方や足跡は日韓関係史を複眼で見るための良い事例であるとも評した。

著者は出版の経緯について「はしがき」に次のように書いている。

私たちにはなじみの少ない若松兎三郎という人物を発掘・追跡した記録が本書である。〝日本帝国〟の利益のために誠実かつ真面目に勤めた日本人官僚、結果的に朝鮮半島の産業および経済に少なからぬ影響を与えたこの日本人、日本に帰国後は在日韓国人の人権保護のために努力し、韓国人教会が自由に礼拝できるように日本の警察を説得して回った誠実なクリスチャンをどのように評価すべきか？　果たして韓国の読者に紹介する価値があるだろうかと迷ったが、司馬遼太郎の『「明治」という国家』に李舜臣《リスンシン》に関する記載があることを思い出した。

韓国で出版された若松兎三郎の評伝『綿の花とその日本人――外交官若松の韓国二六年』（金忠植著）

バルチック艦隊が迫っている時に、水雷艇の艦長だった水野広徳《ひろのり》という若い士官は対馬の湾に自分の水雷艇とともにひそみながら、李舜臣の霊に祈ったという。李舜臣は豊臣秀吉の朝鮮侵略の時、日本にとって敵将であったが、アドミラルとして活躍した。日本海海戦まで日本では海の名将はなかったから。日露戦争当時、李舜臣という名も韓国人は知らなかった。とっくの昔に忘れてしまっていた。李舜臣を発見したのは明治の日本海軍であった。明治三七、八年のころの日本海軍の士官は、李舜臣という名前を、学校で習い、本で読み、よく知っていた。

このように、李舜臣について習い、戦術を研究した明治時代の海軍将校が李舜臣の霊に祈ったという文句を読み直し、若松の生涯を紹介しようと決心した。若松は心情的には韓国人にとって〝好ましくない〟朝鮮総督府の官僚であったが、日本海軍の遺産（legacy）となっている李舜臣霊前で日本の勝利を祈っている日本の将校もいるじゃないか、それならば、綿花栽培と天日塩開発という敵産を残して朝鮮半島を離れた若松についても事実をそのまま伝える必要があると確信した。

日本と韓国は運命的な隣国であるため、相互利益となる未来を切り拓かなければならない。相手国のためではなく、自国の利益のためである。この小さな発掘記録が複雑に絡み合っている日韓関係の解決の糸口となり、互恵な両国関係に展開する一粒の種となれば幸いである。

同書の出版記念会が二〇一五年一〇月一二日、ソウル・プレスセンターで行なわれた。日本から若松兎三郎と所縁の大分県玖珠町《くすまち》出身の衛藤征士郎《えとうせいしろう》衆議院議員や若松兎三郎の遺族など一〇余名が出席して祝賀会に花を添えた。韓国を代表する政治家、マスコミ関係者、学者など有識者一五〇余名が出席し、植民地時代韓国の産業発展に貢献した〝善良な日本人〟であり、日韓共生のために苦悩した若松兎三郎の人生哲学について語り合った。

　若松兎三郎のゆかりの地である木浦を訪問した孫の高須俊明《たかすとしあき》日本大学医学部名誉教授は次のような感想文を寄せてくれた。

> 　木浦ツアーは晴天に恵まれ山と海の色合いを堪能することができ、旧日本領事館の赤レンガも殊のほか美しく見えました。陸地綿記念碑と綿畑をひとまとめにして観光できるようにする夢に実現性があるのは嬉しいことです。
>
> 　百聞は一見に如かず、開港前の木浦が日中海路の中継地として栄えた跡を海洋博物館にて見知り、開港以後の数十年の発展を旧日本領事館や歴史館で認識し、韓国の五指のうちに数えられる都市の一つであって優秀な人材を育んだ土地柄であり、名門学校を有していた史実を知りました。戦後の飛躍的発展を埋立地に建設された眼前の新市街や林立するホテル、アパート等の建築物、高下島へ到る海上大橋、整備された品揃えを誇る大スーパーマーケット、立派な建築の博物館群や金大中ノーベル平和賞記念館、道路、道路を走る多数の内装外装ともにきれいな韓国車などに伺い知ることができました。

出版記念会出席の若松兎三郎の遺族と関係者たち。前列右から高須俊明、衛藤征士郎、佐々木憲文、永野慎一郎、申景浩、水上洋一郎、石割怜子、木村由美子。後列左から金忠植、若松正身、池田道子

若松兎三郎が朝鮮に残した事績を機縁にして両国民の交流が深まり広まることを第三世代遺族の一人として願っています。そのために私も、今後も微力を尽くしたいと思います。

明治期の外交官若松兎三郎が植民地支配の韓国において「善良な日本人」として評価を受けられるようになったことは喜ばしいことである。植民地時代にも若松のような良心的な日本人が両国民の心をつなぐ橋渡し役をしていたことが認められたことは何よりである。

若松兎三郎に関する書籍が韓国で出版されると、若松に関する関心が広がり、多様なチャンネルで伝播された。まず、陸地綿発祥地の行政機関である木浦市が動き始めた。陸地綿試作地の高下島への関心が高まっていることに刺激され、観光資源への可能性を検討し始めた。その一環として高下

島を〝綿花の島〟にするための開発プロジェクトが立ち上げられた。

関心の高さはマスコミにもあらわれた。『国民日報』は二〇一六年一一月二六日付のチェ・ソクホのレジャーコラム【若松兎三郎】「信仰は民族より強い」を掲載した。牧師である筆者はキリスト教徒の観点から若松兎三郎という人物を評価した。

『朝鮮日報』（二〇一七年三月二二日）の連載記事【朴鍾仁の土地の歴史】は、「植民地痕跡が残った木浦と現代版〝文益漸〟若松兎三郎」という見出しをつけ、若松兎三郎が新しい品種の綿花を最初に栽培したところが高下島であったと紹介した。同時に、朝鮮日報系列の『ＴＶ朝鮮』においても歴史ドキュメンタリー番組「近代史の激動の中の港町木浦」（二〇一七年四月八日）が放映された。朝鮮日報は韓国最大手の新聞社でもっとも影響力を持っている。若松兎三郎の名前は新聞紙面を通じて、そしてテレビの映像を通じて、また、インターネットを通じて全国に広がっている。

第一章　大分県玖珠郡森村の少年時代

森村で少年期を過ごす

若松兎三郎《わかまつとさぶろう》は、維新まもない一八六九年（明治二年）一月一七日、大分県玖珠《くす》郡森町大字森三七〇番地で、若松廣房《ひろふさ》と喜尾《きお》の三男として生まれた。生家は、伐株山《きりかぶさん》のふもとにあるのどかな田舎町で、庭園と菜圃《さいほ》に囲まれ、前方には水田が広がっていた。家屋は客間八畳、奥六畳、広間一〇畳、台所六畳と、他に書斎が二畳ほどあった。

玖珠川が盆地の中央を東西に流れ、清水瀑園《せいすいばくえん》、三日月の滝などが自然の景観を彩る田園風景に恵まれた村である。兎三郎は、少年時代を山や谷、水田や畑があり、川が静かに流れる自然の中で過ごした。

　森村の前を流れる玖珠川の向かい側には万年山《はねやま》がそびえ立つ。その山を「はねやま」と呼ぶのは、亀と兎の駆け比べの童話から、兎は「はねる」、亀は「万年いきる」を組み合わせたという伝説が残っている。

　そのような伝説から両親は、三男坊の将来を嘱望《しょくぼう》して「兎三郎《とさぶろう》」と名づけた。「兎」のように飛び跳ねて欲しいという親心だ。

　若松家、第一代若松源五左衛門《げんごさえもん》は一六〇一年に久留島《くるしま》家が伊予国風早《いよのくにかぜはや》郡から森に移封された時に、藩主に従って移住した。若松家は跡継ぎがなくなったことから、兎三郎の祖父・廣利《ひろとし》が農家中島家から養子となった。廣利の妻マスは森村の山田繁右衛門の子で、堤治右衛門の養女となった人である。

　廣利とマスの間に一八二三年（文政六年）に生まれた廣房は、父・廣利同様、藩政時代に兵卒となり、伏見鳥羽《ふしみとば》の戦で藩主に従い、京都御所を護ったことがある。藩では主に会計の仕事に携わり、廃藩後も会計事務を続けた。性格は寛大で手先が器用であった。

　後に廣房は兎三郎の影響を受けてキリスト教徒となり、一八九一年に京都平安教会で洗礼を受けた。兎三郎が同志社を卒業する年である。廣房は八〇歳から南画を学びはじめ、八五歳で亡くなるまで絵に親しんだ。

　兎三郎は五人兄弟の四番目であった。長兄・雅太郎《まさたろう》は京都に移住し、京都市役所に勤めた。琵琶湖の流水工事の事務方を担当し、平安神宮等の建設の事務方でもあった。次兄・豊造《とよぞう》は大津師範学

大分県玖珠町位置図

校在学中に学友が腸チフスに罹《かか》り、看病するうちに感染して命を落とした。姉トモは園田恒四郎《そのだこうしろう》の妻となった。園田恒四郎は兎三郎の漢塾の師匠となった人である。トモは賢妻であった。
弟の元四郎《もとしろう》は朝鮮銀行に勤めていた。

兎三郎は聡明な子であった。幼少時から私塾で漢学を学び、一八七五年、六歳の時、当時創設されたばかりの森小学校に最年少で入学し、年上の少年たちと一緒に学んだ。小学校は二組で編制されており、兎三郎は二番組に属し、一番組には五歳年上の兄・豊造がいた。兎三郎は、一〇歳で下等小学校を終えたが、森村にはまだ上級の公立学校がなかったので、陶成所《とうせいしょ》という私塾に入り、漢学を学んだ。陶成所の主任教師が園田恒四郎で、漢学に造詣が深い人であった。一年後に園田は豊前法鏡寺《ぶんぜんほうけいじ》村の私塾に招聘《しょうへい》されたので、兎三郎は同輩数人と共について行った。舎内で自炊しながら聴講し、暇をみつけては仲間たちと共に川で水泳を楽しんだ。半年後に園田が、森村の修身義校という私塾で教えるようになると、ついて帰った。兎三郎は勉強が好きであっただけでなく、園田を尊敬し、勉学のためならどこまでもついて行った。それから一年後に園田は京都丹波亀岡《たんばかめおか》の盈科《えいか》義塾に赴任した。さすがに京都まで行くための旅費がなかったため、兎三郎は森村にしばらく留まった。その間は、加藤仲太郎《ちゅうたろう》から教えを受けた。加藤仲太郎は後述する加藤本四郎《もとしろう》の長兄である。

一八八二年にようやく玖珠中学校が開設され、兎三郎も入学した。しかし尊敬する園田のいる京都に追いかけていきたいとの思いが強かった。中学を一年で中退し、一四歳で隣村太田小学校の助教師として勤めはじめた。京都行の旅費を稼ぐことが目的であった。

兎三郎が出発する前年の一八八三年暮に森村に大火が起こり、若松家は全焼して家財一式を消失した。しばらくの間、父親と弟・元四郎は親族の家に身を寄せていた。一八八四年三月、旅費の準備ができると、兎三郎は単身京都に向かった。東中筋七条上《ひがしなかすじななじょうあが》るに居住していた長兄・雅太郎宅に到着し、数日滞在してから、亀岡の園田宅に馳せ参じた。

森村の秀才たち

少年時代を森村で過ごした兎三郎は、同年輩の子供たちと一緒に遊びながら、楽しく学んだ。勉強が好きだった兎三郎は学級の中でも飛びぬけて優秀であった。記憶力抜群の頭の良さに村人たちは、山間僻地の村から秀才が生まれた、将来が嘱望されると期待したものだ。

明治初年の森村は人口二六二七名の小さな山村であった。玖珠郡の主要道路である森駅から戸畑駅までの道幅は三メートルもなかった。森駅から別府までも同じ道幅だ。その時代、大分駅から別府駅までは四・五五メートル幅の道路があった。その道路に人力車が走っていた。当時玖珠郡には人力車が一台のみで、他に荷車が一台あっただけだ。県内でも大分郡には人力車四四一台、馬車一三台、荷車二七八台があり、日田《ひた》郡にも人力車三五台、荷車一二九台があったから、いかに玖珠郡が辺鄙な地域であったかを物語っている（『玖珠町史』下巻）。

しかし、玖珠郡森村は教育村として知られている。江戸時代には「文治主義」を推進する藩校が日本中に二七八校開設された。そのような時代において、森藩主・久留島通祐《みちすけ》は、一七四七年に「諭書」を出し、人は五倫五常（君臣の義、父子の親、夫婦の別、長幼の序、朋友の信と仁・義・礼・忠・信）の道に従うべきと諭した。藩の子弟は身分の上下にかかわらず、文武に励み修業するように命じられ、各自が任意に師を求めて学業に勉める土壌が生まれた。

そのような土地柄において明治初期に著名人が続々と誕生した。兎三郎が生まれてから五年後の一八七四年には、「日本のアンデルセン」と称えられ、口演童話家として名をはせる久留島武彦《たけひこ》が生まれた。若松兎三郎は久留島武彦を弟のように可愛がり、一緒に山や川で泥んこになって遊んだ。互いに村を離れ異なる道を歩んだが、久留島武彦は童話の世界では知らない人がいないほどの著名人である。

久留島武彦は豊後《ぶんご》森藩・久留島家第一三代道簡《みちふみ》の兄の長男として生まれた。森小学校で学んだ後、森村の大火事により母親の実家のある中津に移り、中津小学校および中津高等小学校を卒業し、大分中学校（現、大分上野丘《うえのがおか》高校）を経て関西《かんせい》学院で学んだ。

久留島武彦は日本のボーイスカウトの基礎を築いた先駆者でもある。ボーイスカウト世界大会に参加するため、デンマークを訪れた時、アンデルセンの生家のみすぼらしい状況を見て、デンマーク国民に厳しく訴えた。そのことが現地の新聞に「日本のアンデルセン大いに語る」と報道され、これをきっかけに立派な博物館が建てられた。デンマークの市民の間から日本のアンデルセンと呼ばれ、日本にもその名前が伝わった。この功績で久留島はデンマーク国王から勲章を受章した。

生誕地の森村の久留島陣屋跡に久留島の業績を記念して「童話碑」が建てられた。毎年五月五日のこどもの日に玖珠町で日本童話祭が開催される。その実績によって、玖珠町は「童話の里」として全国に知られている。

若松兎三郎誕生の一年後に森村伏原《ふしはら》でもう一人の秀才が誕生した。その名は加藤本四郎である。本四郎は森藩の参事であった加藤茂弘《しげひろ》の四男として生まれた。加藤は森小学校や日田の教英中学校で学んだ後、熊本第五高校を経て東京帝国大学法学部法律学科に入学した。

加藤本四郎と若松兎三郎は小学校から共に学び、東京帝国大学法学部に同じ時期に在学した。若松は政治学科、加藤は法律学科で学科は違ったが、親しい学友であった。大学は加藤が一年先に入学したので先輩であった。勉強では互いに競い合うライバルでもあった。二人は進むべき道が同じで、共に励まし合いながら、外交官試験をめざした。

加藤は大学卒業後の一八九五年九月に実施された外交官試験（第二回文官高等試験外交科）に合格し、同年一〇月に京城《キョンソン》公使館官補に命ぜられた。若松は翌年二月に実施された第三回文官高等試験外交科に在学中に合格した。同年度に実施された外交官試験合格者七人のうち、二人が大分県玖珠郡森村出身であった。全国の超エリートたちが競って受験する最難関の外交官試験に森村出身の二人が同じ年度にそろって合格した。ビッグ・ニュースであった。

こうして大分県玖珠郡森村は明治期に二人の外交官を輩出した。若松は一八九六年二月の外交官試験に合格すると、大学を中退して三月に京城公使館に赴任し、六か月前に着任した加藤と京城公使館で机を並べた。二人は共に京城公使館で勤務した五か月間、夜になると京城の街に出かけて朝鮮焼酎で杯を交わしながら将来の夢を語り合った。酔いが回ってくると、本音が覗かれることもあった。

「君は夢があるのかね！」と若松が言い出した。

「あるさ、おれは外務大臣になるよ！」と加藤は答えた。

「ところで、君はどんな夢を持っているのかね」と、加藤が返すと、若松は迷わず、「おれは総理大臣だね！　ハハハ」と、豪快に笑った。

「今日はこれでおしまい！」「愉快な夜だった！　ハハハ」

と大声で叫びながら宿舎に戻った。

加藤は京城勤務の後、ロンドン公使館で勤務し、蘇州《スーチョウ》・香港・仁川《インチョン》領事を務めた。一九〇六年に天津《ティエンジン》駐在総領事となり、時の総督袁世凱《ユエンシーカイ》の交渉相手であった。翌年奉天《フォンティエン》総領事に転任し、大いに活躍が期待されていた時、不幸にも舌癌に罹り、三八歳の若さでこの世を去った。

若松と加藤は外交官試験に優秀な成績で合格し、将来を嘱望されたエリート外交官として働き始めた時は共に大きな夢を持っていた。その目標である外務大臣や総理大臣になる夢は実現できなかったが、日本の外交官としてまた人間として立派な功績を遺したことは郷土の誇りであった。

第二章　同志社で形成した人生観と世界観

同志社入学と田中源太郎との出会い

伐株山峡《きりかぶさん》の田舎町でのんびりと育った若松兎三郎《わかまつとさぶろう》にとって、京都は別世界であった。京都の町並みは整然としていて、都会というのはこういうものかと感心しきりであった。街を歩く人はみんな生き生きしていた。「しっかりしないと世の中の変化についていけなくなる」と一人でつぶやきながら、園田恒太郎《こうたろう》邸に向かった。園田の門下生となり、漢学を修めつつ、一方では生活費を工面するために亀岡の佐伯《さいき》小学校（現在の亀岡市稗田野《ひえたの》小学校）に助教師として勤務した。この時の初任給は月額四円五〇銭だったが、六か月後に六円となった。誠実さが認められたのである。

一八八五年冬に園田が篠山《ささやま》の鳳鳴《ほうめい》義塾に転勤すると、兎三郎もついて行った。冬休みとなり長兄・雅太郎《まさたろう》の家に帰ったが、篠山を出発する前に腸チフスに感染し、四〇度以上の熱を発し、二か月余り寝込んでしまった。腸チフスとしては最も重い病状で、瞬間的に知覚を失うほどであったが、九死に一生を得て辛うじて恢復した。病気療養中の三か月間は、兄夫妻に大変な面倒をかけた。ようやく病状が治まった頃、園田が一条烏丸《いちじょうからすま》の叡麓舎《えいろくしゃ》に転勤したので、兎三郎は園田の下で病後の療養を続けた。

一八八六年六月、同志社英学校の生徒募集の新聞広告を見つけた。同志社は、新島襄《にいじまじょう》が設立したキリスト教主義教育理念にもとづく学校である。向学心に燃えていた兎三郎は自分が進むべき道は「これだ」と考え、学資金など全くあてもないのに、とにかく受験した。入学試験は滞りなく通過したが、自分ではどうすることもできず、長兄・雅太郎に相談したところ、京都政財界の大物である田中源太郎《げんたろう》に紹介してくれた。

田中源太郎は明治・大正期の京都で活躍した地方政財界の大物である。丹波亀岡《たんばかめおか》生まれの田中は二一歳で桑田郡追分村長となったのを皮切りに、京都府議会議員に当選し、府議会議長を務めるなど地方政界で活躍する傍ら、京都株式取引所頭取、京都商工銀行頭取、亀岡銀行（京都銀行の前身）頭取などを務めた。一八九〇年に衆議院議員初当選以来連続三期、そして貴族院議員を務めるなど中央政界においても活躍した人物である。

田中源太郎は人を見る目を持っていた。国家や社会のために働ける人材であると判断した田中は私財を惜しまず投じて若松兎三郎という有能な青年を育てることにした。田中は初めて会った若松に将来の抱負を聞いた。自分の夢を堂々と述べる気概に感動した田中は二つ返事で「分かった」と支援を約束した。こうして田中の援助により念願の同志社入学手続きを無事に終えた。若松はこれは神様が施してくれた恩恵であると考えた。田中との関係はそれから始まった。

若松兎三郎の人柄と将来性を見込んだ田中は、年とともに信頼と情を深め、同志社時代の学資金だけでなく、東京帝国大学への進学を勧め、その学費はもちろんのこと、研修旅行の費用や海外渡航の支度金、さらに結婚費用に至るまで、親代わりとして、必要なすべての費用を進んで負担してくれた。田中源太郎という支援者がいたからこそ、若松兎三郎の才能が花開いたと言えよう。若松にとって田中は生涯の恩人であった。その恩を一時も忘れることなく、唯一の恩人として敬愛し仕えた。

新島襄から良心と自由、人類愛を学ぶ

同志社の創立者新島襄は、キリシタン禁制の江戸時代に上海や香港で刊行されたキリスト教関係の漢訳書籍を入手して読み、キリスト教に強い関心を持った。一八六四年に函館からアメリカ船ベルリン号に乗り、密出国してアメリカに渡った。その密出国の動機について、新島は後年、「この挙は、藩主や両親を捨てるということではない。自分一個の栄華のためでもない。まったく国家の

ためである。自分の小さな力をすこしでもこの振わざる国家と万民のためにつくそうと覚悟したのである」と振り返った。

一〇年間アメリカに滞在しながら、西洋的価値観と知識を学んだ新島は、国を興《おこ》すのは教育と知識と国民の立派な品行の力にあるという信念のもとに、「良心」と「自由」に立つ人間を養成するキリスト教主義教育を目指して、帰国後、京都に同志社英学校を設立した。現在の同志社大学の前身である。

一八七五年に同志社英学校が開校した時は、教員二人、生徒八人の小さな学校であった。一八八九年に同志社予備学校、同志社普通学校、同志社神学校が開設され、後に同志社大学へと発展した。若松は同志社普通学校で学んだ。

> 一国を維持するは、決して二、三、英雄の力にあらず。実に一国を組織する教育あり、智識あり、品行ある人民の力に拠らざるべからず。これらの人民は一国の良心ともいうべき人々なり。而《しか》して吾人《ごじん》は即ちこの一国の良心ともいうべき人々を養成せんと欲す。
>
> （同志社大学設立の旨意より）

新島襄が同志社で目指したのは、自治自立の精神を涵養《かんよう》し、国際感覚の豊かな人物を育成することであった。新島は、「良心」と「自由」に満たされた社会を目指し、その担い手を育成するための教育機関として同志社大学設立に尽力した。

「信仰・希望・愛」は新島襄がもっとも好んで使用した言葉である。新島は「人を差別しない」という平等主義および人格主義の理念を持っていた。

新島はキリスト教の思想と理念にもとづく大学を設立しようと懸命に努力したが、途中病に倒れ、志半ば四七歳の若さでこの世を去った。しかし、彼の遺志を尊重する多くの人たちの支援によって同志社大学は設立された。

新島の「志」に共感する「一国の良心」たらんと願う人々が同志社で学び、新島の教育理念を胸に、みずからの人格を一層高めながら「地の塩」、「世の光」として社会の各分野において役割を果たさんとしている。

若松は、新島襄に出会ってから人生観が変わった。新島の鋭い洞察力と包容力に感嘆し、国際感覚あふれる人柄に尊敬の念を抱いた。何より共鳴したのは新島の「人類愛思想」であった。人はみんな平等であるという信念である。

お寺と神社がたくさん存在する京都御苑の近くに日本聖公会聖アグネス教会がある。マルサ・オルドリッチが通った教会である。当時、平安学院教師であったマルサ・オルドリッチも「神の下で人間は平等である」と説いた。京都キリスト教協議会元会長・大江真道《しんどう》は、古い伝統を持つ京都の中心地にキリスト教会があるのは、「新島襄とその妻・八重《やえ》が同志社設立に奮闘したおかげ」と話している（『朝日新聞』二〇一四年六月一〇日夕刊）。

若松の同志社時代の五年間は寄宿舎生活の充実したキャンパス・ライフであった。多くの恩師や先輩、そして学友に出会った。一番感化を受けたのは創立者の新島襄である。寄宿舎では毎朝、新島襄校長と教師たちを囲んで京都御所の周りを散歩するのが一日の始まりであった。散歩時の会話はすべて英語であった。当時、同志社では語学以外の科目でも英語によって授業が行われた。若松は英語が得意であったので、英語による授業を可能な限り聴講して語学力を磨いた。

若松が同志社に在学している時は、新島襄が病気療養中だったため、直接教えられる機会は少なかった。それでも新島の教育理念を理解し、新島が抱いていた「志」を忠実に実現しようと努めた。若松は「良心」と「自由」は天から与えられたものであり、人類愛こそ普遍的な価値であると信じた。同志社に入学してから二年目の一八八七年六月一八日、金森通倫《かなもりみちとも》牧師より洗礼を受け、キリスト教の信仰を深めた。

同志社で英語を学び、宣教師たちとの交流を通じて、世界は広く、異なる民族、言語があり、異なる文化が存在し、多様な価値観が存在していることを知った。その影響を受けて国際人として働く仕事を考えるようになった。

同志社で出会った人たち

若松兎三郎は、社会科学に興味をもち、学問的、思想的に大きな影響を受けた恩師は浮田和民《うきたかずたみ》であった。在学中に「読書力はもちろん思想上で浮田先生ほど大きな感化を与えられた人はいない」と述べている。

浮田和民は一八六〇年に熊本藩士の子として生まれ、熊本洋学校でキリスト教に入信し、新島襄の開校間もない同志社に転校した。同志社英学校最初の卒業生となる。新島襄の愛弟子として卒業後、母校の教員となり、一八九二年に米国に渡り、二年間、イェール大学で史学、政治学を学んだ。帰国後同志社教授となり、政治学、国家学、憲法講義を担当した。

一八九七年に東京専門学校（現早稲田大学）に移籍し、教授となり、文学部史学科教務主任、初代図書館長、東京高等師範（教育学部）部長などを歴任した。四四年間早稲田大学に勤務しながら早稲田大学の発展に寄与した。山田一郎、高田早苗《たかださなえ》、安部磯雄《あべいそお》らと共に早稲田政治学の基礎を作っただけでなく、大隈重信《おおくましげのぶ》のブレーンとして高く評価された。坪内逍遥《つぼうちしょうよう》は浮田を「早稲田の至宝」と呼んだ。浮田は傍ら総合雑誌『太陽』の編集主幹として活躍し、当時の若者に大きな影響を与えた。

もう一人忘れることのできない恩師はC・M・ケーデーであった。彼からは、語学だけでなく、多様な文化や世界観を植え付けられた。自分の権利を主張する前に相手にも権利があることを知らなければならない。神の下では人間はみんな平等であるという「平等思想」を教えられた。

若松は同学の先輩安部磯雄に最も心服した。安部は一八六五年に福岡藩士の子として生まれたが、徴兵忌避のため安部家の養子となった。福岡で小学校を卒業し、同志社英学校に進学して、在学中に新島襄より洗礼を受けた。一八八四年同志社卒業後、米国ハートフォード神学校とベルリン大学を卒業し、一八九五年帰国後、同志社教授を経て、一八九九年東京専門学校教授となる。日露戦争では非戦論を唱え、公娼制度の廃止や産児制限などを唱えた社会派学者として知られている。

安部磯雄は、学問および教育だけでなく、政界に進出して活躍した。一九二八年に社会民衆党から衆議院議員に立候補して連続五期当選し、社会民衆党党首を務めた。日本社会主義運動の先駆者でもある。また、安部は日本における野球の発展に貢献し「日本野球の父」と呼ばれている。早稲田大学野球部創設者として「早慶戦」の糸口を作った人物でもある。

若松が学生時代親しくしていた友人には横田安止《やすただ》がいる。横田安止は、新島襄が晩年の一八八九年一一月二三日、療養に励む東京から手紙を送った相手だ。当時横田は同志社普通学校五年生であった。

同志社大学今出川キャンパス正門の奥にある石碑「良心碑」には、「良心之全身ニ充満シタル丈夫ノ起リ来ラン事ヲ」と刻まれている。新島からの手紙の中の一節である。ここには「〃一国の良心〃ともいうべき人物を、同志社から輩出したい」という新島襄の強い思いが込められている。同志社の〃良心教育〃の由来とも言われている。

手紙の中には「国家のためと称して欲を満たす輩がいる、先憂後楽の人材が乏しいのを嘆かずにおれようか、国家の方針が定まらないため進歩がない、真の英雄が生まれなければこの国はどうなるのだろうか」という文句がある。

同志社の同級生に深井英五《えいご》がいた。深井は一八七一年に群馬県高崎市に生まれ、一八八六年に同志社に入学した。二人は卒業後も文通をして交流を続けた。深井は同志社卒業後、徳富蘇峰《とくとみそほう》主宰の国民新聞社に入社し、松方正義《まつかたまさよし》大蔵大臣秘書官を務めた後、日本銀行に入行し、営業局長、理事、副総裁を経て、第一三代日本銀行総裁に就任した。私学出身として日銀総裁となったのは慶応義塾出身の山本達雄《たつお》（大分県出身）以来であった。

若松は一八九一年六月、同志社普通学校を卒業する前、当時の同志社校長小崎弘道《こさきひろみち》から同志社予備学校教師を勧められた。若松は、在学中に同志社政法学校設立に反対し、東京に設立すべきであると学校当局に建議した主導者の一人であった。そのため学校当局から嫌われていた。その若松に同志社予備学校教師として採用したいという話は意外であった。小崎校長の好意に感謝し受け入れた。

予備学校では地理と英語を教え、寄宿舎で生徒と寝食を共にした。一八九一年暮に徳富蘇峰の勧めにより、帝国議会の見学と、名士を訪問し教えを受けるための東京訪問ツアーがあった。横田安止が世話役であった。徳富の紹介で勝海舟、田口卯吉《うきち》、大隈重信、尾崎行雄《おざきゆきお》など一代の名士を訪問した。これらの名士と面会し多くのことを学び得た。それとは別に田中源太郎の世話で福澤諭吉を交詢社《こうじゅんしゃ》に訪問した。勝海舟と福澤諭吉の訪問は生涯の思い出の一つであった。

徳富蘇峰は一八六三年に肥後国《ひごのくに》（熊本県）で生まれ、熊本洋学校や東京英語学校を経て同志社英学校に入学したが、卒業直前に学生騒動に巻き込まれ、中途退学した。新島襄に洗礼を受け、新島校長を尊敬していたので、同志社との関わりは続けた。徳富蘇峰は明治・大正・昭和の三つの時代にわたる日本の代表的なジャーナリスト、思想家、歴史家、評論家である。『国民新聞』を主宰し、大著『近世日本国民史』を著わした。政治家としても活躍し、戦前・戦中・戦後の日本に大きな影響を与えた知識人の一人である。

面会した面々は日本を代表する名士ばかりだ。次世代の日本を担う青年たちに刺激を与えるための蘇峰の計らいであった。時代を代表する知識人たちとの面談で若松は強烈な刺激を受け、成長へのエネルギーとした。

同志社予備学校に勤務して二年経過した頃、恩人・田中源太郎の父が他界した。亀岡の本宅に弔問に行ったところ、多数の来客や親族が集まり、葬儀の準備などで取り込んでいたにもかかわらず、田中は若松をわざわざ仏間に呼び入れ、「東京に行って修学してはどうか、学資金は給与する」と、身に余る言葉をかけてくれた。若松は終生忘れることのない感激をもって即座に受諾した。

武家出身の若松家は裕福な家庭ではなかった。若松兎三郎は田中源太郎の恩愛を受けて、同志社で思う存分勉学に熱中できただけでなく、日本最高学府である東京帝国大学法学部に進学することができた。夢と希望に満ちた幸せな青年期であった。

第三章　最高学府東京帝国大学で知識を涵養

東京帝国大学へ進学

一八九三年六月、若松兎三郎《わかまつとさぶろう》は夢にもみた憧れの東京帝国大学法学部への入学試験を受けるために上京した。東京駅から路面電車を乗り継ぎ、本郷森川町の下宿に着いた。翌日、東京帝国大学に行くと、試験科目の中、歴史と法学通論の試験は既に終了し、中島力造《なかじまりきぞう》教授の論理学と神田乃武《かんだないぶ》教授の英語の試験が残っているだけであった。ともかく残った二科目の試験を受けさせてもらった。そして大学当局の好意により穂積陳重《ほづみのぶしげ》教授の法学通論は大学学長室にて口頭で受け、また歴史は坪井九馬三《くめぞう》教授の自宅でこれまた口頭で試験を受けさせてもらえた。現在の大学入試制度からすれば考えられない入試であったが、当時は、入学希望者が多くなかったので便宜的にそのように行われていたようである。

こうして入学試験は呆気なく終わった。自信はあったが、結果が出るまではそわそわして落ち着かなかった。夜も眠れず、合否の結果を知らせる郵便を待っていた。

東京帝大から合格の通知が来た。憧れの東京帝国大学法学部政治学科に晴れて入学が許可されたのだ。嬉しさで胸がいっぱいで、まるで夢のようだった。

喜んだのは若松だけではなかった。家族や京都の知人たちもみんな喜んでくれた。まず感謝しなければならない人は、同志社入学以来ずっと学資の面倒を見てくれた恩人・田中源太郎《げんたろう》であった。急いで京都行の汽車に乗り、亀岡の田中邸に足を運んだ。

「お陰をもちまして、東京大学法学部に合格しました。言葉にならないお力添えに感謝申し上げます」と丁寧に挨拶した。田中は「そうか、よくやった」と激励してくれた。

少年時代から薫陶《くんとう》を受けてきた園田恒太郎《こうたろう》にも感謝の気持ちを伝えた。両親と兄弟、家族みんなが喜んでくれた。母親は赤飯を炊いてお祝いしてくれた。周りの人たちの支援と協力があったからこそ、その日の若松兎三郎があった。お世話になった人たちに恩返しをするには、社会にとって役立つ人間になることであると肝に銘じた。気持ちを新たにし、次なる目標を目指して勉学に励む決意をした。

大学時代の出会い

若松は日曜日になると、本郷教会に出かけて同志社時代からの知り合いである横井時雄《ときお》牧師の説教を聴いた。横井時雄は一八五七年に熊本藩士・儒学者の横井小楠《しょうなん》の長男として肥後国《ひごのくに》で生まれた。熊本洋学校で学び、上京して開成学校に入学した。しかし、目指すところがあって、同志社英学校に転学した。同志社を卒業すると牧師となり、愛媛県今治市、東京本郷などで伝道活動に従事した。一方では、『基督教新聞』、『六合雑誌』の編集に携わると共に内村鑑三《うちむらかんぞう》を支援した。内村鑑三は明治・大正期のキリスト教の代表的な指導者であり、無教会主義を唱えた聖書研究者であった。

横井時雄は、一八九七年に同志社の第三代社長（校長）に就任した。同志社社長を終えてから、官界に転身し逓信省官房長をつとめた。一九〇三年立憲政友会公認で岡山選挙区から衆議院議員に立候補し、当選して六年間衆議院議員として政界に身を置いた。金森通倫《かなもりみちとも》、徳富蘇峰《とくとみそほう》、徳冨蘆花《とくとみろか》は母方の親戚に当たる。

若松の大学時代の一番の親友は、大分県玖珠《くす》郡森村出身で幼なじみの加藤本四郎《もとしろう》である。前述のように二人は法律学科と政治学科に分かれていたが、同じ法学部学生として、目指すところが一緒であったので意気投合した。

また、同じ大分県出身の井上準之助《じゅんのすけ》や阿部守太郎《もりたろう》とも親しく交わった。井上準之助は若松と同じ年の一八六九年に大分県日田《ひた》市で生まれた。若松同様一八九三年六月、東京帝国大学法学部英法科に入学した。井上は東京帝大卒業後、日本銀行に入行し、二度にわたり日本銀行総裁（第九代、第一一代）に就任し、第二次山本権兵衛《ごんべえ》内閣、浜口雄幸《おさち》内閣、第二次若槻礼次郎《わかつきれいじろう》内閣の大蔵大臣を務めるなど、政界および経済界において敏腕を振るい、第二の「渋沢栄一《しぶさわえいいち》」（明治・大正期の大実業家、銀行家）と称される存在であった。

阿部守太郎は一八七二年に大分県中津藩士の子孫として生まれた。一八九六年東京帝国大学法学部卒業後、高等文官試験に合格し大蔵省に入ったが、外務省に転じ、書記官となり、在英公使館や在中国公使館に勤務した後、外務省政務局長を務めたが、一九一三年九月、南京事件などの処理に不満を持つ中国強硬論者に暗殺された不遇の人である。

大学在学中外交官試験に合格する

若松兎三郎の夢は、外交官になって国際人として働くことであった。そのために日夜勉学に励み、文官高等試験外交科（外交官及び領事館試験）合格を目指した。

折しも東京帝大在学中に、清国《しんこく》軍艦鎮遠《ちんえん》・定遠《ていえん》が横浜港外に現われ、朝野《ちょうや》を震撼させる出来事があった。また、日清戦争が勃発するなど東アジアをめぐる国際環境が大きく変動している時期でもあった。国際社会で働く外交官の任務はますます重要となった。

若松は卒業直前の一八九六年二月に実施された外交官試験にチャレンジした。努力の成果が実り、一回目の受験で見事に合格した。この時の合格者は二人しかいなかったが、若松兎三郎は首席合格であった。若松には時運も味方した。従来、外交官採用は縁故によることがほとんどであった。若松にはそのような縁故はなかった。幸いにも縁故による採用の弊害をなくし、幅広い人材を登用するために新しく文官高等試験制度ができた。新制度による外交官試験は一八九四年九月から実施された。外交官試験に合格して進むべき道が決まった以上、いつまでも田中源太郎に世話をかけるわけにはいかないと、大学を中退し、外交官としての新しい人生のスタートを切った。

外交官試験に合格した頃の若松兎三郎

同年九月に実施された外交官試験には四人合格した。その年は二月と九月に二度試験が実施された。九月試験の合格者の中に東京帝国大学法学部を一年前に卒業した幣《しで》原《はら》喜《き》重郎《じゅうろう》がいた。一八九六年度に二度にわたって実施された外交官試験に合格した六人全員が東京帝国大学法学部出身であった。

一八九四年九月に第一回文官高

等試験が実施されてから、一八九六年九月まで四回試験が行われたが、合格者数は一五人である。うち一二人が東京帝大法学部出身で、在学中に合格したのは若松兎三郎だけである。東京帝大法学部出身以外は英国及びドイツ留学経験者が各一人、東京高等商学校（現在の一橋大学）出身一人がいた。このように、外交官試験は狭き門であった。

この時期に難関を突破して外務省に入省した若手外交官たちの大部分の派遣先は、朝鮮または中国の公使館または領事館であった。当時の朝鮮および中国は国内の交通が不便であったので、領事館を主要都市に設ける必要があった。朝鮮の場合、京城《キョンソン》（当時は漢城《ハンソン》と呼ばれたが、日韓併合後に京城、戦後はソウルと改称された）に公使館があり、釜山《プサン》、仁川《インチョン》、木浦《モッポ》、平壌《ピョンヤン》、元山《ウォンサン》などにも領事館が設置されていた。

若松兎三郎は一八九六年三月、駐朝鮮公使館領事官補に命ぜられ、京城公使館に赴任した。幣原喜重郎は同年九月に仁川領事館領事官補に赴任した。若松が一足先に任官したので外交官としては先輩格であった。

幣原は仁川領事館領事官補を皮切りに米国大使館参事官、オランダ公使などを経て外務次官に就任するなど順調に出世街道を歩んだ。その後、アメリカ大使、さらに外務大臣を歴任し、終戦直後東《ひがし》久邇《くに》内閣の後継総理として戦後処理にあたった。占領下の総理大臣として「天皇人間宣言」を起草するなど、天皇制の温存のために尽力した。後には衆議院議長も務めるなど政治家として大成した。

第四章　外交官として国際舞台で羽ばたく

京城公使館で小村寿太郎及び原敬と親交

京城《キョンソン》公使館勤務に命ぜられた若松兎三郎《わかまつとさぶろう》は、横浜港から乗船して瀬戸内海、玄界灘を渡って仁川《インチョン》港に到着した。窓から見る朝鮮の山野は日本と変わらなかった。なんとなく親近感があった。山や田園風景を眺めながら、九州大分の田舎の風景を思い出した。外交官としての最初の勤務地が西洋ではなく、隣国朝鮮であったので、顔つきも日本人と変わらないことに安堵した。

外交官として最初に赴任した京城公使館には、小村寿太郎《こむらじゅたろう》が公使として着任していた。小村の帰国後の後任は原敬《はらたかし》であった。若松は、経験豊かな二人の公使の下で外交官見習として、基本的な知識を学んだ。公使館では領事裁判および行政事務を担当した。

若松が、小村と出会い交流した期間は三か月足らずであったが、大先輩から外交官としての心構えや礼儀作法などを教えられた。酒席に誘われることもあった。清酒や焼酎などで杯を交わしながら、世間話をし、世界情勢や日本の事情などについて高見を聞かされた。さすがに小村公使は体躯の小さいわりには雅量の大きい偉人であった。二人は同じ九州人であったことから、特に親近感があった。

小村寿太郎は、一八五五年に日向国飫肥藩《ひゅうがのくにおびはん》（現在の宮崎県日南市《にちなんし》）の藩士・小村寛平《かんぺい》の長男として生まれた。東京の大学南校（東京大学の前身）で法律を学び、第一回文部省留学生として、米国ハーバード大学に留学した俊才である。帰国後、司法省に入り、大阪控訴裁判所判事や大審院判事などを務めた後、一八八四年に外務省に転じ、外務次官、駐米公使、駐露公使、駐中国公使など主要国公使（当時は大使職はなかった）を歴任し、二度外務大臣を務めた生粋の外交官である。外務大臣在職中は日英同盟を結び、日露戦争を勝利に導き、日露講和会議の全権代表として、ロシアの全権代表ウィッテと渡り合ってポーツマス条約を締結するなど日本外交史に数々の足跡を残した稀代の外交官であった。

小村公使の後任として赴任した原敬は一八五六年に岩手県盛岡市生まれの明治・大正期の大政治家である。原は京城駐在公使を最後に退官し、大阪毎日新聞社長となった。一九〇〇年の立憲政友会創立に参画し、衆議院議員に当選したのち、逓信大臣、内務大臣を歴任した後、一九一八年に米騒動によって寺内正毅《てらうちまさたけ》内閣が倒れると最初の政党内閣を組閣し、平民宰相として世論の支持を受けた。

若松は、一年足らずの京城公使館勤務中に、小村寿太郎、原敬という二人の大物外交官と出会い、経験豊かな先輩たちと直接接するなかで外交官としての礼儀作法や政治哲学などを教授され、太い人脈をつくることができた。この人脈がのちの彼の外交官活動に大いに役立ったことは言うまでもない。

自由と多様性の新天地ニューヨークで学んだもの

一八九七年二月、帰朝を命ぜられた若松兎三郎は、帰国するとすぐにニューヨーク領事館勤務を命ぜられた。単身赴任だったので、支度に時間はかからなかった。太平洋を航海し地球の反対側のアメリカ大陸、しかも東海岸に位置するニューヨークまでの道程は遠かった。このような長旅は生まれてはじめての経験であったが、夢は膨らむばかりであった。アメリカ大陸の広大さに驚き、自由な空気に刺激を受け、産業国家として勢いに乗っている国の発展ぶりに呆然とした。

アメリカは当時すでに世界の中心として浮上していた。一八六〇年代にイギリス、フランスに次いで世界第三位の工業国となり、一八七〇年代にフランスを抜いて第二位に上がり、一八九〇年代にはイギリスを抜き、世界第一位の地位を獲得した。アメリカの全盛期が始まっていた。若松がアメリカで活動する時期は、この〝アメリカン・ドリーム〟の波が起き始めた頃と重なっていた。当時のニューヨークは、ワシントンD.C.とともに東海岸の玄関口として大西洋時代のアメリカを象徴していた。ワシントンD.C.は首都として政治の中心であり、ニューヨークは商業都市として経済の中心であった。港として発展したニューヨークにはヨーロッパから多くの移民が集まり、〝人種のるつぼ〟と言われた。ニューヨークは移民たちの活力と競争によって発展してきた都市である。

若松は目の前で展開している、自由と競争の新天地を驚きの目で見つめていた。日本や朝鮮とは全く異なる想像さえできない別天地であった。アメリカ社会は能力さえあれば誰にでもビジネスチャンスが与えられる。母国語や文化背景の異なる人間同士が、相互に意思疎通しビジネスを展開できる土壌が生まれ、社会発展の活力として作用していた。世界各地からやってきた移民たちがアメリカで新しい人生を再スタートした。

若松は、新島襄の教えを受けて憧れていた「万人が平等に暮らせる理想郷」がまさにこのニューヨークだと考えた。彼が注目したアメリカのもう一つの底力は、国籍と人種、宗教の多様性を尊重する風土であった。

当時、ヨーロッパからの移民の中でも初期に東部各地に移植したアングロサクソン系やオランダ系の人たちが、いち早く経済的基盤をつくり成功した。特に、イギリスから移住してきた、俗に言うWASP（White, Anglo-Saxon, Protestants）たちが、アメリカの独立運動およびその後の国家建設に中核的な役割を担ってきた。

アイルランド系の人たちは、イギリスの植民地下での貧しい生活から逃れるために新天地に向かった。ニューヨークでも、貧民街のロウアー・イーストサイドに集中して居住していた。アイルランド系移民のほとんどはカトリック教徒であったため、プロテスタント教徒の他の白人グループから差別を受けていた。しかし、アイルランド系の移民が増加し、集団的な権利主張によって待遇が改善され、たゆまない努力によって成功する人たちが増加した。

移民生活に耐えながら厳しい競争を勝ち抜いて、世界的な富豪が誕生した。代表的な例として、石油王ジョン・ロックフェラーや鉄鋼王アンドリュー・カーネギーが挙げられる。彼らがアメリカの産業化へ拍車をかけた立役者である。

アメリカン・ドリームで成功した人たちは自ら蓄積した富を独り占めするのではなく、その多くを社会に還元した。物質的豊かさがもたらす精神的貧困に陥ることがないボランティア精神が、当時のアメリカ社会には存在した。

第二次世界大戦後、国際連合創設時のニューヨーク・マンハッタンにある国連本部の敷地はロックフェラー財団の寄付金によって購入された。また、ニューヨークのマンハッタンには、一八九一年に鉄鋼王のアンドリュー・カーネギーが私財を投じて建てたカーネギー・ホールという音楽堂がある。カーネギーは一八八九年に『富の福音』という本を出版し、その中で「富は墓場まで持っていけない」と記し、それまで稼いだ巨万の富を様々な公共の用途のために寄付した。

アメリカは、政治的にも平等な民主主義社会を実現しようとしていた。アメリカ式民主主義が含蓄された表現が、一八六三年のリンカーン大統領のゲティスバーグ演説である。当時、リンカーンは南北戦争で戦死した兵士たちを追慕して「生き残った者たちが自由と平等を信条とし民主主義の理念をしっかりと守ることである」と語った。それが歴史的な「人民の、人民による、人民のための政府」という名演説である。

繁栄への道を歩み続けるアメリカ社会は、様々な矛盾を抱えながらも「自由」と「平等」を追求し、「多様性」を認め合い、民主主義への道を歩もうとしていた。若松は、アメリカ社会を日々直視し、アメリカ的自由を満喫しながらニューヨークでの生活を送った。

若松のニューヨーク領事館での業務は、主として商業および財政経済に関する報告であった。当時の米国駐在公使は星亨《ほしとおる》であったが、後に小村寿太郎に代わった。

若松は一八九九年八月までの二年七か月間、ニューヨークで勤務し、自由奔放なアメリカ社会を肌で感じた。そして言語や民族の違いを超越して、多様な価値観を認め合いながら共生への道を模索している市民社会を観察し、ダイナミックに変容している世界情勢を察知した。さらにニューヨークは多くの政府要人が立ち寄るところであった。有栖川宮威仁親王《ありすがわのみやたけひとしんのう》が英国より帰朝の途中に立ち寄り、伊藤博文が随員として同行していた。他にも、ニューヨークで世話した政治家に近衛篤麿《このえあつまろ》や加藤高明《たかあき》などがいた。多くの著名人に接する中で外交官としての見識を高めるなど、充実し最も成熟した時期であった。

杭州及び沙市領事として中国を観察する

ニューヨーク勤務を終えて帰国すると、中国・杭州《ハンジョウ》領事に任命された。領事就任前に身を固めた方が良いと周囲に勧められ、同志社時代の同級生相馬《そうま》の妹で、学生時代から知り合いだった相馬里《り》うと結婚することとなった。京都舞鶴《まいづる》出身の相馬里うは同志社英学校を卒業した舞鶴きっての美人として知られた才媛であった。父親は舞鶴藩祐筆《ゆうひつ》（藩主の代筆をし学問も教える）で、学問にも造詣が深く、若松も尊敬する人物であった。縁談は順調に進み、領事赴任前に大急ぎ挙式を挙げた。一八九九年一〇月一二日、親代わりの恩人田中源太郎《げんたろう》の媒酌《ばいしゃく》で京都亀岡市の由緒ある田中邸で挙式が執り行われた。結婚式の費用もすべて田中が負担した。

一八九九年一〇月、中国杭州駐在領事に赴任した。杭州駐在領事は、杭州領事館の長として明治天皇の信任状が付され、日本国を代表して日本国民の保護および日本国の通商の促進にあたる外交公務員としての任務があり、大使及び公使に準じた特権、すなわち領事特権を有する職責である。外交官としてのステータスである。

この時期、中国では義和団事件が起きた。義和団事件とは、清朝末期に起こった外国排斥運動であり、北清事変ともいう。山東省の農民の間で起こった秘密結社の義和団運動が「扶清滅洋《ふしんめつよう》」（清朝を支えて西洋列強を駆逐する）をスローガンに、各地で外国人やキリスト教会を襲い、その勢いは北京にも及び、一九〇〇年には外国公使館を包囲した。清朝が義和団を支持して各国に宣戦布告したため、日本とロシアを中心に欧米列強八か国が連合軍を派遣して北京を占領し、清朝を屈伏させた。その結果、北京議定書が締結され、巨額の賠償金や外国軍隊の駐屯権を獲得し、中国の半植民地化が進んで行った。

この事件の発生で、在住日本人は万一の事態に備えて帰国させられ、領事館員は域外の日本居留地に避難する事態となった。若松はほとんど領事館業務ができず、翌年九月、帰朝命令で帰国した。外務省では通商局課長として勤務した。本省勤務は短期間であった。この頃若松家は長兄・雅太《まさた》郎《ろう》が退職し、他に収入源がないため、一族が兎三郎の収入に依存していた。また律儀な兎三郎は田中源太郎からの学費援助分を返済していた。このような家庭の事情もあって、国内勤務の外務省の給料では一族を養うことが困難であったので、外地勤務を希望した。そのことが外務省での出世には大きなマイナスであったと子孫は考えている。

一九〇一年三月、沙市《サシ》領事に命ぜられ、再び中国に渡った。翌年五月、韓国木浦《モッポ》領事に転勤するまでの一年二か月、沙市で中国の政治や経済、産業などを調査・研究した。領事の任務は、日本国を代表して現地当局との交渉などの他に、現地の実情を調査し、報告することである。

沙市地方は中国有数の綿花産地であった。若松は、同地方の綿花事情について詳細に調査・研究し、精通していた。この時の綿作に関する関心が、木浦高下島《コハド》における陸地綿試作の原点であった。

第五章　朝鮮陸地綿の元祖、若松兎三郎

揚子江航海中の綿花対談が朝鮮陸地綿栽培の契機

一九〇二年五月、若松兎三郎《わかまつとさぶろう》は中国沙市《サシ》駐在領事から韓国木浦《モッポ》領事への転勤を命じられた。一年二か月の沙市勤務は広大な中国の産業事情を知る良い機会であった。特に、沙市地方で知り得た綿花に関する知識は、朝鮮半島において陸地綿栽培を始める動機となった。

沙市出発の時、農事調査のため中国巡回中であった農商務省農務局長酒匂常明《さこうつねあき》と遭遇した。これが二人の宿命的な出会いであった。酒匂局長は中国巡回を終えて、韓国行きの船に乗船した。同じ船に乗り合わせた二人は揚子江を航行しながら、綿花に関する話題に長時間を費やした。二人は意

気投合し、長旅を感じさせないほど綿花の話に花が咲いた。二人のこの時の対話が朝鮮半島における衣服文化を変えさせる契機となった。

日本の当時の綿花生産は農家の自家用途にすぎなかった。国民の生活状態が向上し、外国貿易の発展によって綿製品の需要が増加した。紡績業界は機械紡績用の原料として大量の原綿を必要としていた。在来綿は繊維が短く紡績原料には適さなかった。したがって、中国、米国、インドなどからの輸入に頼っていた。当時、世界市場を席巻していた綿種の主流はアップランド綿（upland cotton）という陸地綿であった。陸地綿は南米が原産地であるが、アメリカ南部のコットン・フィールドに移植され、品種改良された綿種である。世界綿花の九〇%以上のシェアを持っていた。陸地綿は、繊維が細く、長く、強くねばりがあり、光沢のある、伸張性に富む綿花として紡績業界では評価が高かった。

日本政府は一八七四年に、アメリカから陸地綿の種子を輸入して東京の内藤新宿試験場において試作させた。日本最初の試作であったが、成果は得られなかった。農林省の肝いりで農事試験場において研究を重ね、全国各地で試験栽培してみたが、陸地綿は日本の気候に適さないため、栽培できないことが判明した。

陸地綿の成長期の九月以降、日本列島は雨量が多い。陸地綿は青い実（コットンボール）が空に向けて開く習性があり、雨水がボールの中に溜まり腐敗してしまう。これが栽培できない主な要因であった。

国内での栽培が不可能であり、大量の原綿を輸入に依存している現状に鑑み、東アジア地域において栽培可能な地方を探すことが酒匂局長の巡回の目的であった。

若松の勤務地の沙市地方は中国有数の綿花産地である。若松は領事在勤中、中国の政治、経済、産業、文化などの実情を調査した。主要産業である綿花に関しても念入りに調査研究したため、綿花については相当の知識を得ていた。酒匂局長から綿花の国内事情について聞いた時、若松は胸が躍り、閃きがあった。そして瞬間的にアイデアが浮かんだ。

「局長！　私の新任地である朝鮮半島南部の木浦地方は地理的に中国の沙市地方に類似しています。それに気候が合致すれば陸地綿栽培にとって理想的な場所となります。木浦地方に賭けてみましょう！」

と申し出た。二人は満面の笑みで期待を込め木浦での再会を約束した。

朝鮮半島では一三六〇年代から綿花栽培が始まった。中国から導入したアジア綿、または在来綿と呼ばれる綿種である。朝鮮半島の風土は綿花栽培に適しており、綿花は全土に普及し生成していた。当時、日本は朝鮮から大量の綿布を輸入していたが、一五九二年の文禄・慶長の役によって、朝鮮から綿布が供給されなくなった。その対策として日本国内で綿作綿業が始まった。これが徳川時代における綿業興隆の出発点である。

木浦地方は古くからアジア綿が栽培されていた。日本にも輸出するほど綿作が栄えていた。若松は木浦地方が地理的に中国沙市地方に類似していることに注目した。それが陸地綿栽培に合った風

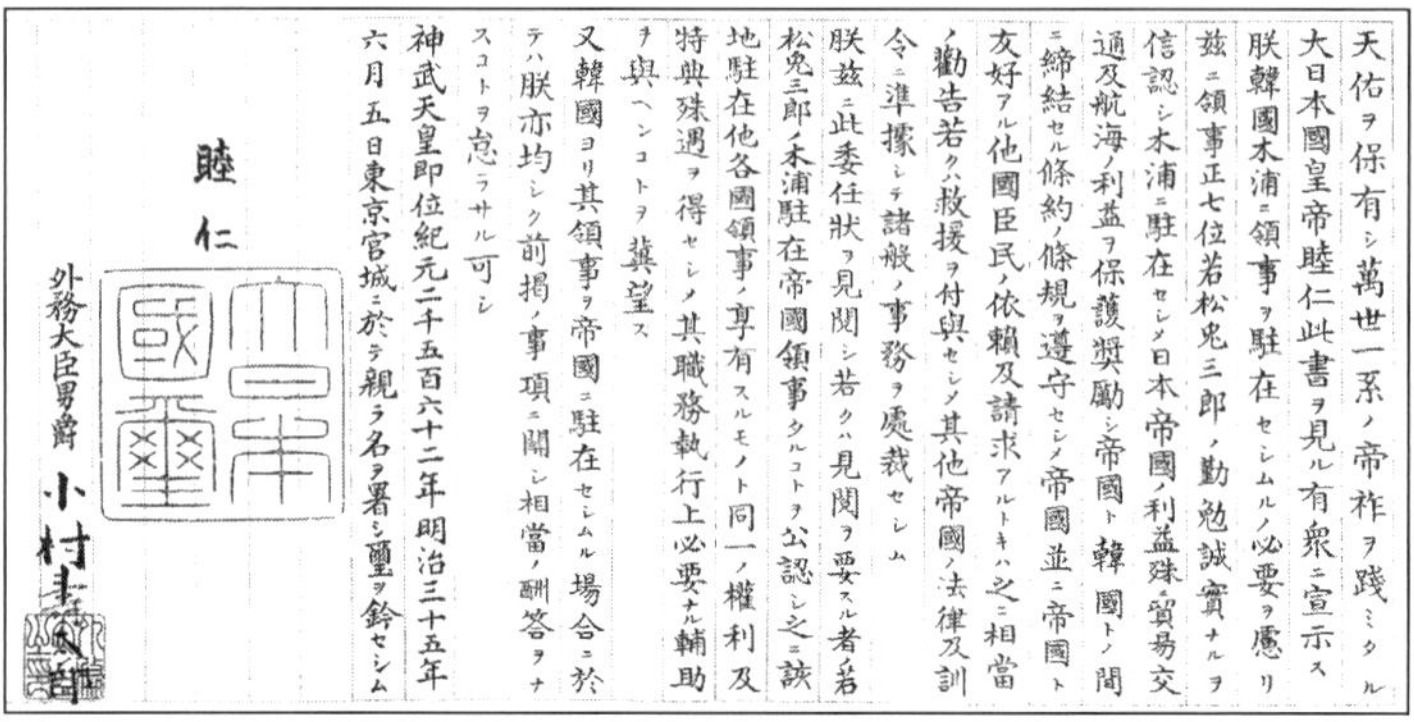
天佑ヲ保有シ萬世一系ノ帝祚ヲ踐ミタル
大日本國皇帝睦仁此書ヲ見ル有衆ニ宣示ス
朕韓國木浦ニ領事ヲ駐在セシムルノ必要ヲ慮リ
玆ニ領事正七位若松兎三郎ノ勤勉誠實ナルヲ
信認シ木浦ニ駐在セシメ日本帝國ノ利益殊ニ貿易交
通及航海ノ利益ヲ保護奨勵シ帝國ト韓國トノ間
ニ締結セル條約ノ條規ヲ遵守セシメ帝國並ニ帝國ト
友好アル他國臣民ノ依頼及請求アルトキハ之ニ相當
ノ勸告若クハ救援ヲ付與セシメ其他帝國ノ法律及訓
令ニ準據シテ諸般ノ事務ヲ處裁セシム
朕玆ニ此委任狀ヲ見閲シ若クハ見閲ヲ要スル者若
松兎三郎ノ木浦駐在帝國領事タルコトヲ公認シ之ニ該
地駐在他各國領事ノ享有スルモノト同一ノ權利及
特典殊遇ヲ得セシメ其職務執行上必要ナル輔助
ヲ與ヘンコトヲ冀望ス
又韓國ヨリ其領事ヲ帝國ニ駐在セシムル場合ニ於
テハ朕亦均シク前掲ノ事項ニ關シ相當ノ酬答ヲナ
スコトヲ怠ラサル可シ
神武天皇即位紀元二千五百六十二年明治三十五年
六月五日東京宮城ニ於テ親ラ名ヲ署シ璽ヲ鈐セシム
睦仁
外務大臣男爵 小村寿

明治天皇の国璽が押されている木浦領事への信任状

土や気候であれば願ってもないことである。それは日本にとって重要であるだけでなく、韓国の産業発展への貢献となる。木浦領事就任にあたって新しい課題となった。

木浦領事着任と陸地綿栽培への執念

木浦領事への転勤辞令を受け取り、急いで帰国し荷物を整理して帰国中の夫人と長女・篤世《あつよ》を連れて一九〇二年七月に新任地木浦に着任した。途中京城《キョンソン》公使館に立ち寄り、打ち合わせをしてから、木浦に向かった。

前回の京城公使館勤務の時と違って、今回は日本国領事としての責任ある立場であり、綿花栽培という新しい課題を抱えての領事就任であった。関係者への就任の挨拶まわりを済ましてから、綿花栽培についての実態調査に着手した。陸地綿栽培の必須条件である気象や風土などの調査である。

待ちかねていた酒匂常明農務局長が木浦に到着すると、若松はそれまでに調査した内容を説明し、綿作が行われている

農商務省農務局長酒匂常明の高下島視察。前列中央が酒匂常明、その左が若松兎三郎

高下島《コハド》に案内した。綿作状況を視察した酒匂局長は「これはいける」と感激し、「やってみる価値がある」とゴーサインを出した。酒匂局長の素早い判断に勇気づけられた若松はその場で提案した。

「この地に米国種陸地綿を栽培してみましょう。日本で陸地綿栽培ができないならば、朝鮮で栽培すれば良いのではありませんか。陸地綿の栽培によって朝鮮の産業の発達に資するとともに、日本の紡績原綿の補充となれば、一挙両得の策であります。両国がともに利益が得られます。現地人たちも喜ぶでしょう。やってみる価値があります！」

若松兎三郎はその旨を早速外務省に具申した。しかし外務省から反応はなかった。

当時の外務大臣は小村寿太郎《こむらじゅたろう》であり、六年

表5－1　木浦居留地晴雨表（1903年）　　単位：日数

	1月	2月	3月	4月	5月	6月	7月	8月	9月	10月	11月	12月	年間
晴	15	21	22	20	21	19	18	26	29	25	23	25	264
曇	8	6	3	4	7	7	6	4	1	4	6	4	60
雨	4	1	6	6	3	4	7	1	0	2	1	1	36
雪	4	1	0	0	0	0	0	0	0	0	0	1	6

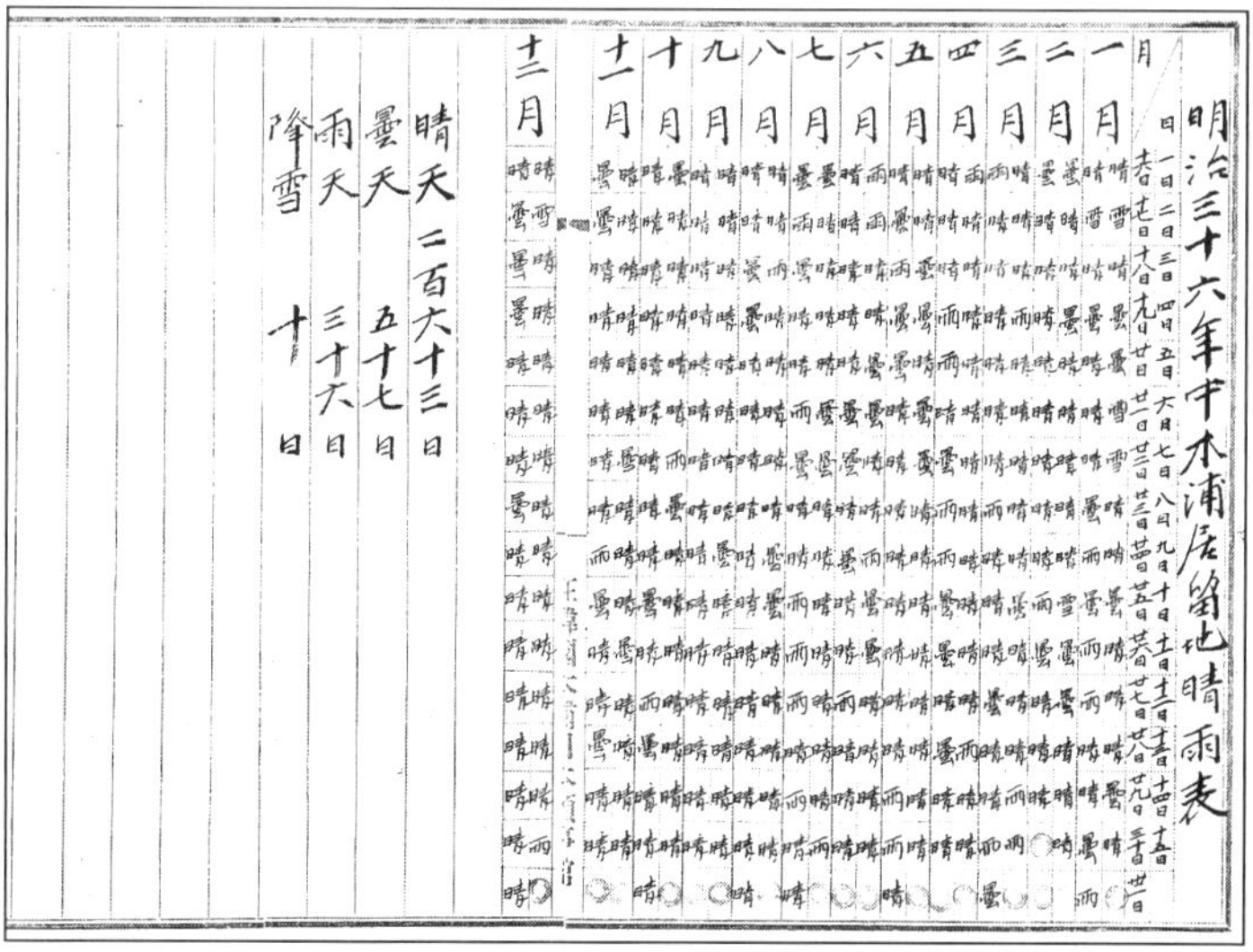

明治36年中木浦居留地晴雨表（外交史料館所蔵）

前の京城公使館勤務の時に可愛がってくれた、相談できる相手と考えていたので、少しは良い返事があるだろうと密かに期待していた。しかし若松は、あきらめず作戦を練り直し、用意周到に緻密な準備を始めた。陸地綿栽培の成功のカギは気象条件であり、日本で陸地綿を栽培できない最大の理由は綿花の実が開く時期の九月頃、日本では雨量が多いことであった。陸地綿の生育期間は大体五月から一〇月までである。六か月間の気温と降水量が条件とな

表5－2　1903年木浦地方気温（平均）　　単位：℃

	1月	2月	3月	4月	5月	6月
午前6時	2.8	1.7	7.2	11.7	14.4	18.3
正午	7.2	7.8	12.2	14.2	21.1	24.4
午後12時	2.8	2.8	7.8	12.2	15.6	20
	7月	8月	9月	10月	11月	12月
午前6時	22.2	25.6	22.2	14.4	7.8	2.8
正午	27.8	30.6	29.4	23.3	16.1	10
午後12時	22.8	25.6	22.8	15	8.9	4.4

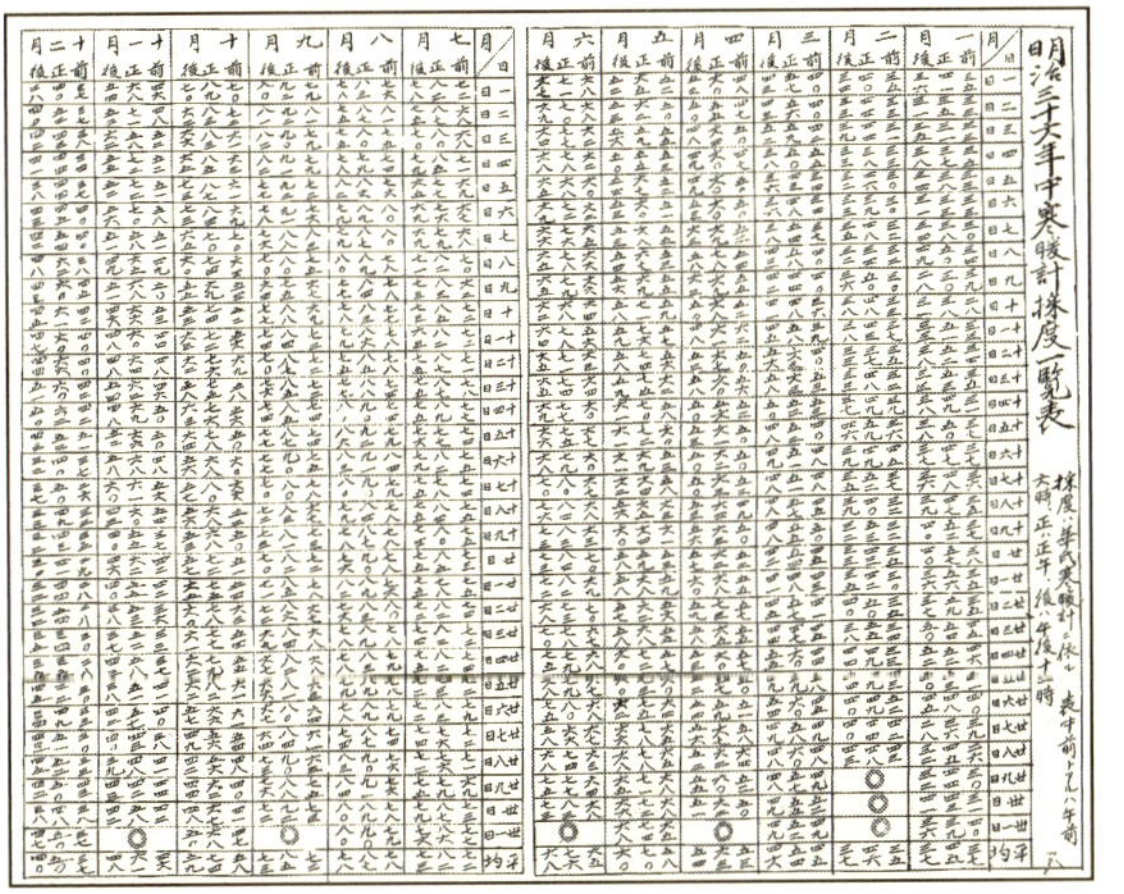
明治三十六年中寒暖計採度一覧表

明治36年中寒暖計採度一覧表（外交史料館所蔵）

る。若松は、木浦地方の気象を丹念に調査して外務省に報告した。

報告によれば、一九〇三年の一年間の木浦地方の天候記録は、晴二六四日、雲六〇日、雨三六日、雪六日であった。陸地綿栽培に適する気候であることが証明された。

播種《はしゅ》から収穫までの期間（五月〜一〇月）の木浦地方の正午の平均気温は二一・七度。特に、綿花の成長期の七月二七・八度、八月三〇・六度、九月二九・四度である。成長期の三か月が比較的高く、雨の日は六月と七月がむしろ多い。九月以後は雨量が少ないのも陸地綿栽培には理想的な気候である。こうして陸地綿栽培にぴったりであることが確認された。これで第一関門はクリアである。

木浦高下島で陸地綿を試作する

一九〇四年春、農商務省技師加藤末郎《すえお》が視察のため木浦に到着した。若松は前述の調査を踏まえ、木浦地方なら日本で栽培できない米国種陸地綿の栽培が可能であると力説した。また、もし政府が動かないならば、個人として試験栽培してみたいと相談し、綿花の種子の入手や技術的なアドバイスを要請した。加藤技師の協力を得て、農商務省農事試験場畿内支場《きないしじょう》より米国種陸地綿その他の綿種子一三種類を取り寄せ、木浦港対岸の高下島で農業を営んでいた山崎藤三郎《やまさきとうさぶろう》という日本人に委託し、現地農民に栽培させた。若松の熱意によって、一九〇四年五月、朝鮮半島において最初の陸地綿の種子が高下島の地に蒔《ま》かれた。

若松領事の陸地綿栽培への取り組みを注視していた農商務省は、月田藤三郎《つきだとうさぶろう》技師を綿作状況調査のために韓国に派遣した。木浦を訪問した月田技師は九月二日に試作地を視察し、以下のような視察結果を報告した。

試作地の土質は花崗岩の風化により砂質壌土で表土が甚だ浅く、荒蕪地を試作のため調整した場所なので試作地としては好適とはいえない。試作者は棉作上の経験がなく、試作上問題がある。殊に播種量が少ないため収穫量の調査に支障がある。試作方法が完全ではないため、結果を推測することは困難だが、試作植物の状態及び採収した棉花の品質等から察して、従来本邦で苦心した同棉花の試作品とは比較にならない。韓国の風土は陸地棉栽培上頗る望みがある。この種の棉花は将来大いに拡張する見込みがあり、広い地域に試作する必要がある。米国種陸地棉は輸入綿花の中心であり、それを韓国で得られるのであれば、棉糸紡績業の経営に極めて有利である。故に、この種の棉に関する研究および栽培の奨励を講ずることが急務である。

若松は、陸地綿試作の良好な結果に満足し、自分の判断に間違いはなかったと安堵した。普通の外交官ならば良い事案であれば一度は提案してみる。受け入れてもらえば結構だが、受け入れてもらえないなら諦め、それ以上追いかけない。無駄な努力はしないということである。しかし、若松は普通の外交官とは違った。陸地綿栽培が日本の国益となり、韓国の産業発展に寄与し、現地住民たちの生活向上に役立つのであれば、日韓両国の「共生」のための良き事例となる。両国にとって一挙両得の産業開拓であり、それを推進することが自分の役目であると考えた。しかもあきらめず忍耐強く実行しようと努めたところに若松の偉大さがある。目先の利益、自分だけの利益ではなく、共に利益が得られるという広い視野を持って行動したところに意義がある。

陸地綿試作成功で東京を動かす

若松兎三郎は、高下島における陸地綿試作の成功を確認すると、一九〇四年一一月二四日、小村寿太郎外務大臣宛に「米国種棉花試作報告」を送付した。

当地方に於いて棉花の成熟期の九、一〇、一一月の各月は、例年雨量極めて少なく、米国種棉花は或いは風土に適するかも知れないと、かつて専門家より聞き及んでいるも、未だ試験場の設備がなく、当否を知る機会がなかったが、本年農事試験場畿内支場より米国種一三種の種子の送付を受け、木浦港対岸の高下島において不完全ながら本邦人に命じ、韓国農民を使用して試作した。その概要は以下の通りである。

試作地は北向きの若干傾斜している畑地で、肥料として干鰯《ほしか》のくずに人糞を混ぜたものを一回施し、五月二五日播種。棉木の高さは最大三尺五寸位（約一〇六cm）に成長。八月一〇日に開花をはじめ、朔《さく》（青い実）が一〇ないし二〇個、平均は一三・四個。一〇月一〇日に朔が開きはじめ、同日より収穫し、一一月二〇日、見本三種抜取の際に、なお朔が開かないもの、半開きものが二割程度あり。

参考として安南（ベトナム）種、日本種、朝鮮種を併せて試作したが、安南種と日本種は種

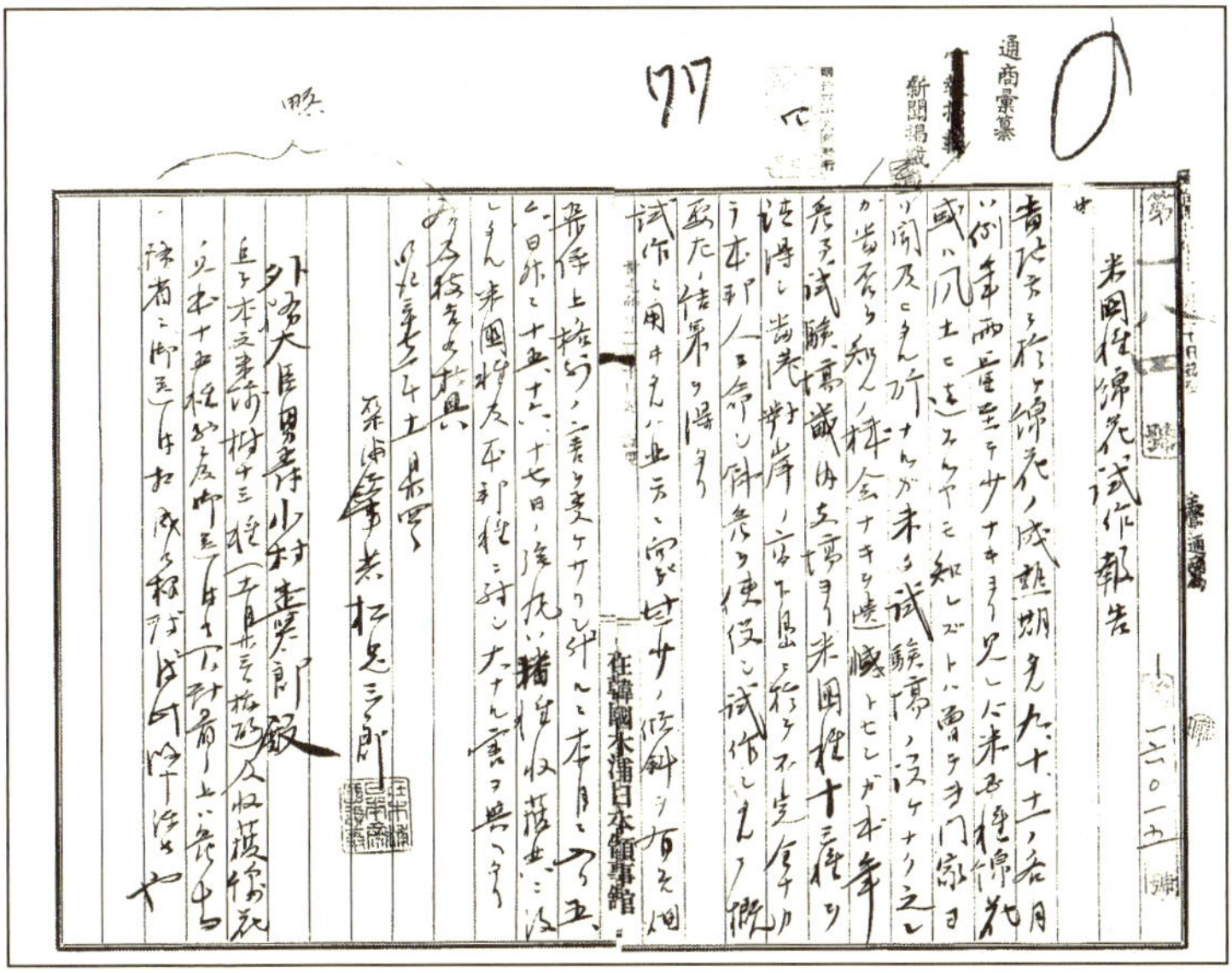
通商彙纂
新聞掲載
米國種綿花試作報告
在韓國木浦日本領事館

米国種棉花試作報告（外交史料館所蔵）

子の到着が後れ、六月一〇日頃播種した。安南種は大部分発芽せず、日本種は発育がかなり良好で、八月初め開花を始め、九月八日収穫をはじめているが、現今なお収穫中。朝鮮種は米国種と同時に播種したが、普通韓国人が作るものに比し、発育が非常に良好で着花の多いものは一本につき二〇個ある。肥料を施したせいか、他の試作棉同様多数の虫がついた。普通の朝鮮棉は虫が生ずることは極めて少ないという。試作朝鮮棉はほぼ収穫終了せり。

また、追伸として米国種棉木一三種、収穫棉の見本一五種を別送するので、到着次第農商務省への転送の旨を申し添えた。「米国種棉花試作報告」を受け取った外務省は、石井菊次郎《きくじろう》通商局長名で酒匂常明農商務省農務局長宛に採取した見本及び写真と共に一二月九日付で回送した。

若松の悲願が実現する瞬間であった。個人として始めた木浦高下島における米国種陸地棉試作に関する報告は政府内の関連省庁において話題となり、好意的に評価され、政策決定のための重要な判断材料となった。

若松領事は、外務省への報告とは別に試作綿の繰綿成績を知るために、綿茎および実綿の標本を写真とともに農事試験場畿内支場に送付し、鑑定を依頼した。

依頼を受けた畿内支場は標本が少ないため正確な鑑定は困難であるとしながらも、提供された標本を詳細に分析し、分析データとともに「韓国木浦に於ける陸地棉の栽培結果は宜《よろ》しく、害虫を予防すれば、棉作の将来は決して望みなきに非《あら》ざるなり」と意見を添えた。

また、若松領事は実綿見本を大阪の内外棉株式会社に送り、繰綿歩合の検査を依頼した。内外棉株式会社は次のような検査の結果を即回答した。

米国種実棉の繰棉歩合は、二分《ぶ》以上に達するもの甚だ稀《まれ》にして、概ねそれ以内であるにも拘らず、木浦に於ける試作棉が米国以上の結果を現わしたのは、全く地質に適したもので、前途大いに望みあると思う。試作の歩止まりのみを以て、直ちに一般農家が栽培する平均収穫の標準とはならないが、要するに、結果は極めて良好であると認める。

米国種陸地綿試作の成果についての報告が伝わると、農商務省はじめ関係官庁や紡績業界はもちろん、政界有力者の間で歓迎の声が上がった。殊に農商務省は数次にわたって技師を木浦地方に派遣し現地調査に着手した。

全羅南道《チョルラナムド》地方はもともと在来綿の産地であった。日本種綿花と違って紡績原料に適していたので、生産量の多くが日本に輸出されていた。ただ、朝鮮種在来綿は米国種陸地綿に比べて品質が悪く耕作法も粗雑であったため、生産性の展望は良くなかった。しかし、風土が米国の綿産地に類似していたことから米国種の栽培地として期待された。

陸地綿の栽培は韓国の産業増進に寄与すると共に、地理的に近い日本の業界においても韓国から原料の一部を充当し、代わりに綿糸や綿布などを日本から供給できれば、日韓両国が共に利益を得られる有望な産業となるという意見で一致した。

政界の有力者による棉花栽培協会の設立

若松兎三郎木浦領事による木浦高下島における陸地綿試験栽培の成功は、紡績原料の産地探しに苦労していた日本の朝野《ちょうや》有志にとって喜ばしい知らせであった。

一九〇五年三月、原敬《はらたかし》、大石正巳《まさみ》、野田卯太郎《うたろう》、萩野芳蔵《はぎのよしぞう》などの政界有力者が集まって協議し、ヨーロッパ諸国の例に倣って、棉花栽培協会設立に向けて動き出した。まず専門家による完全な試作を実施する必要があるとの認識を共有し、大日本紡績連合会と連絡を取り、農商務省商工局長森田茂吉《もきち》も合流して官民合同で取り組むこととなった。

四月一二日、東京ホテルにおいて官民合同協議会が開かれた。出席者は各界を代表する顔ぶれであった。

政友会側　：原敬、大岡育造《いくぞう》、杉田定一《ていいち》、栗原亮一《くりはらりょういち》、改野耕造《かいのこうぞう》、森本駿《しゅん》、奥野市次郎《いちじろう》、
野田卯太郎

進歩党側　：鳩山和夫、大石正巳、守屋此助《このすけ》、加藤政之助《まさのすけ》、青地雄太郎《あおちゆうたろう》、江藤新作《しんさく》、
波多野傳三郎《はたのでんざぶろう》、角田眞平《つのたしんぺい》

農商務省側：酒匂常明農務局長、森田茂吉商工局長、月田藤三郎技師

紡績連合会側：庄司乙吉《しょうじおときち》大日本紡績連合会書記長

農商務省から出席した酒匂農務局長、森田商工局長、月田技師が韓国の綿花栽培事情、特に木浦高下島における陸地綿試作の結果について報告した。棉花栽培協会創立を申し合わせ、設立趣旨、方法、手順などについて協議した。また、陸地綿栽培に適した全羅南道地方において、専門家による的確な試作をより広い範囲で実施することを決議した。

決議を受け農商務省は、農事試験場技師安藤廣太郎《こうたろう》を現地に派遣した。安藤は五月に渡韓し、他の用件で渡韓していた杉田定一、奥野市次郎、萩野芳蔵の三人と合流して再試作地の選定にあたった。

安藤は当初、木浦、自防浦《ジバンポ》（務安《ムアン》）、栄山浦《ヨンサンポ》、羅州《ラジュ》、光州《クアンジュ》、郡山《グンサン》の六か所を試作地として選定した。農学士加藤末郎の監督指導の下で再試作の作業が始まった。

同年七月二五日、帝国ホテルにおいて「韓国における棉花の改良繁殖を図る」ことを目的として棉花栽培協会創立総会が開催された。貴族院議員、衆議院議員、農商務省当局者、紡績連合会役員および実業家などの有志数十名が出席した。

総会において評議員数十名が選出され、野田卯太郎、角田眞平、青地雄太郎、萩野芳蔵、庄司乙吉が理事に就任し、浦上格《うらかみかく》が事務主任に指名された。その後、京城公使館の斡旋により、韓国政府の高官および韓国における日本官民の重要な人士からも評議員または理事が推薦された。

木浦在留の日本官民はこのニュースを聞いて大いに喜んだ。同年五月、東京から棉花栽培協会一行が木浦に到着するや、若松領事は木浦在住有志を領事館に招き、協会代表団を囲み、懇談会を開いた。出席した木浦有志は、日本人商業会議所会頭福田有造《ゆうぞう》、日本居留民団長高根信禮《たかねしんれい》、日本人商業会議所理事谷垣嘉市《よしいち》、大阪商船会社木浦支店長佐藤適《ゆき》、貿易商谷村道助《みちすけ》などであった。懇談会は穏やかな雰囲気の中で行われ、陸地綿栽培事業に関して活発な意見交換が行われた。

若松領事の再試作地視察報告

綿花再試作地は、木浦、自防浦、栄山浦、羅州、光州の五か所に決定された。試作はこれらの地域において、すべて日本人所有の土地を使用し、日本人に委託栽培させ、日本人技師らの指導・監督のもとで行われた。

若松領事は、安藤技師らが選定した綿作地の綿花試作状況を視察するために、九月二二日から約一週間にわたって各地を訪問した。調査を終えた若松領事は、一九〇五年一〇月一一日付で、桂太郎外務大臣宛「光州羅州霊岩《ヨンカム》報告」を送付した。小村寿太郎外務大臣が都合により職務を離れている間、桂太郎総理大臣が外務大臣を兼務していた。

> 全羅南道の風土が棉作に適当であることは既に判明されたところであるが、この風土を利用し、米国種の棉花を栽培すれば生産額が増加し、貿易が発達し、かつ日本の紡績業にとって有益と考え、昨年当港対岸高下島に於いてアップランド種十三種を試作し、頗《すこぶ》る良好な成績であったことは既報の如くであるが、本年棉花栽培協会が設立され、木浦、自防浦、栄山浦、羅州、光州の五か所において試作した結果、米国種棉花が適したことが判明した。同協会はさらに当該種の棉作の拡張のため既に米国に棉実二〇〇〇ポンドを注文している。棉実が到着した

ら、適当な地に種子園を設置して栽培し、そこで栽培される棉実を韓国農家に広く配布し、同時に栽培法を教示して棉花栽培の改良に取り組む計画である。同協会の代表として衆議院議員萩野芳蔵と農事試験場安藤技師が来韓し、種子園の選定ならびに栽培地取得に関し本官の助力要請があり、同一行を伴い出張し、未開墾の野原で棉花栽培に適する土地として三か所を見つけた。

一、羅州郡伏岩面《ボガンミョン》に於いて栄山江本流に沿う野原推測面積約八三〇〇〇坪
二、南平《ナンピョン》郡《グン》金磨山《グンマサン》曠塘《クァンダン》推測面積約一五万坪
三、霊岩郡《ヨンアムグン》西始面《ソシミョン》野原（月出山《ウォルチュルサン》西方）推測面積約六〇万坪

羅州郡伏岩面の野原が各種の事情からして棉花種子園に適すると認められ、種子園敷地に予定した。

さらに、若松領事は、綿作地に関する地方官との交渉について以下のような意見を小村外務大臣に上申した。

本官の見聞によれば、木浦港付近において開墾し新たに棉作地を増加できる土地は一五〇万

坪に過ぎない故に、米国種棉花を大量栽培しようとするならば、韓国農家に棉花栽培させる方法しかないと考える。したがって、全羅南道観察使以下各郡守に米国種棉花の栽培を奨励させるようにする必要があり、殊に、栽培協会が前述の種子園を開設するに当たり、観察使の承認を受けておくことは土地の収用上大変便利となる。

全羅南道観察使をはじめ郡守など地方官たちは日本の官吏の主導で推進していた米国種綿花栽培に関して当初は収奪手段として認識し、協力的ではなかった。しかし、若松領事が直接地方官たちを訪問して丁寧な説明を行い、韓国の農村発展のために有益であると説得した結果、徐々に誤解が解かれ、協力するようになった。

この時期は、日本の植民地支配が本格化する前であったが、日本の官憲主導によって綿花栽培事業が進行していたので、韓国の農民たちは栽培地が没収されるのではないかと疑心暗鬼であった。種子は無償で配布し、専門家が駐在して栽培法を教えてやる、その上、収穫した綿花は在来綿より高値で買い上げるという棚からぼた餅のような甘い話で、しかも折々理事庁や顧問部や関係官庁の官吏や栽培協会関係者がやってくる、といったことに対して農民たちは到底善意とは理解できなかった。いろいろな流言飛語や憶測が盛んに流されていた。

安藤技師が帰国中には農商務省技師から韓国興業株式会社技師長に転職した加藤末郎の監督・指導の下で、安藤技師が日本から連れて行った農夫が実務を担当した。このように専門家の指導および監督のもとで陸地綿の再試作が実施された。

一九〇五年一〇月、綿作収穫の季節となり、棉花栽培協会より萩野理事、安藤技師、浦上主任が渡韓して再試作の状況を視察した。安藤技師の視察報告は以下の通りである。

本邦は陸地棉の開絮《かいじょ》期に当たり、降雨が多い故に動《やや》もすれば朔《さく》の腐敗を来し、収穫量が著しく減少する恐れがあるが、韓国においては同時期に際して降雨少ない故に収穫は安全である。かつ試作の成績においても開花および開絮期は韓国在来種と大差なく、その風土に適していることが認められる。

試作地のうち実際に試作の成果が得られた地域は、木浦、自防浦、栄山浦、羅州の四か所であった。安藤技師は再試作地の成績について次のように報告した。

一、陸地棉種は韓国の風土に適応すること。
二、陸地棉種は在来棉種に比して収穫量の著しく多きこと。
三、陸地棉種は在来棉種と同一栽培方法で耕作してもなおその収穫量の多きこと。
四、陸地棉種は多量の肥料を要しないこと。
五、陸地棉種は在来棉種に比し、繰棉歩合はるかに多く、繊維が細長であり、利益多きこと。

木浦試作地における各種試験栽培実施の調査結果は、繰綿歩合および繊維の長さにおいて陸地綿が在来綿に比べてはるかに優秀であることが判明した。そのため陸地綿の綿作が将来有望な産業になることが確認された。棉花栽培協会は栽培地をさらに拡大し、広汎な地域において韓国農民に栽培させるための計画を樹立した。

日韓共同で陸地綿栽培を奨励する

若松兎三郎領事は綿作地拡大による再試作の結果が極めて良好であり、陸地綿が将来有望な産業になると確信し、国策として推進すべきであると判断した。陸地綿栽培状況視察のために訪韓中の棉花栽培協会理事萩野芳蔵衆議院議員および安藤技師、韓国農村視察中に木浦に滞在していた農商務省農事試験場長古在由直《こざいよしなお》とともに関係官庁に陳情するために上京した。

まず、若松領事一行は韓国政府財政顧問目賀田種太郎《めがたたねたろう》と面会し、陸地綿試作の成績を示し、陸地綿が将来有望な産業として発展する可能性について説明した。若松領事は陸地綿栽培を奨励する方法として全羅南道各地に陸地綿採種圃《ほ》を設置する必要があるとし、韓国政府が積極的に取り組むことと、必要な経費の支援を要請した。

目加田顧問は即座にその提議に賛同し、綿作の改良に必要な経費は韓国政府において負担することを快諾した。一九〇六年度の事業に関しても協力を約束した。目賀田顧問は、陸地綿の種子を普及して綿作改良の緒《ちょ》を開くにはまず採種圃を設け、原産地の種子を移植して韓国の風土に親しめるようにし、その繁殖を図るとともに、広く種子を韓国農民に配布して耕作するように指導する必要があると、以下のように提言した。

一、韓国政府は、全羅南道その他の棉作適地において棉採種圃を設置し、日本人に管理させること。
二、韓国政府は、当該事業経営の費用として一九〇六年より向こう三年間、若干（後に一〇万圓に決定）の支出をすること。
三、棉花栽培協会は、本事業に対し、責任を帯びて万般の注意援助すること。
四、採種圃はその収穫棉の種子を広く全国に拡大させること。

また、日本公使館を訪問し、臨時代理公使萩原守一《もりいち》に対し、日本政府に綿作指導のための専門技師の韓国派遣を建議した。京城公使館は若松木浦領事の建議を外務省に報告し、日本政府によって直ちに採用された。その結果、一九〇六年に木浦に綿作指導のため技師数名が派遣された。

一九〇六年三月、棉花栽培協会は韓国政府より綿花栽培の委託命令を受けると同時に、韓国における陸地綿各種栽培に関する農事試験場長からの委託条件を受け入れた。

《韓国政府の命令》

一、本国棉花栽培栽種の事業は、大日本棉花栽培協会に委託す

上の事業は大韓国に在る勧業模範場の監督を受けるべし

一九〇六年三月一六日

大韓国農商工部大臣陸軍副将　勲一等　権重顕《クォンジュンヒョン》

大日本棉花栽培協会

《農事試験場長の委託条件》

一　陸地棉の栽培収穫の時は、標本として棉花並びに棉幹を本場へ差し出すこと。

二　栽培並びに収穫の状況は報告すること。

三　栽培収穫した種子は広く韓国内に配布し、改良増殖を図ること。

四　委託条件を無料とする。

委託条件には綿花種子の目録が付されていた。このように、陸地綿栽培計画は順調に進展した。若松領事の努力が各方面の多大な協力を得られた賜物であり、若松が将来を見据えて綿花産業発展のために尽力した結果であった。

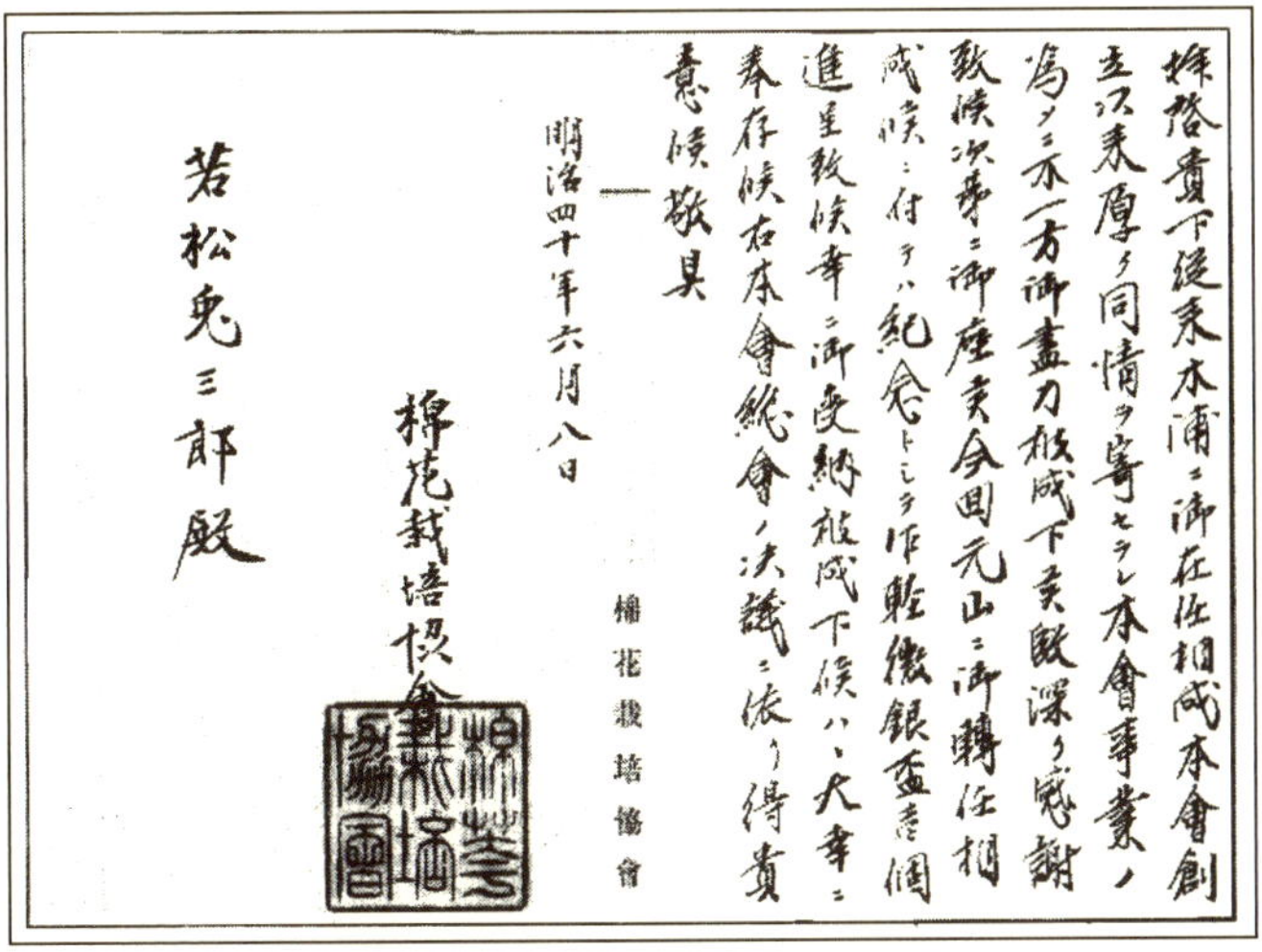
拝啓貴下從来木浦ニ御在住相成本會創立以来厚ク同情ヲ寄セラレ本會事業ノ為メニ不一方御盡力被成下候段深ク感謝致候次第ニ御座候今回元山ニ御轉任相成候ニ付テハ紀念トシテ[illegible]徽銀盃壱個進呈致候幸ニ御受納被成下候ハヽ大幸ニ奉存候右本會総會ノ決議ニ依リ得貴意候敬具

明治四十年六月八日

棉花栽培協會

若松兎三郎殿

棉花栽培協会から贈られた感謝状

棉花栽培協会は、特に功労が大きい若松兎三郎木浦領事と韓国政府財政顧問目加田種太郎に感謝状を贈った。

勧業模範場及び棉作試験場の設置

一九〇六年四月、統監府勧業模範場が京畿道《キョンギド》水原《スウォン》に設置され、同年六月、木浦出張所が開設された。陸地綿栽培奨励事業は統監府勧業模範場が棉花栽培協会の委託事業を監督する形で行われた。試験地は木浦市外龍塘里《ヨンダンリ》（現在の木浦市庁敷地）に設置された。綿花栽培に関する事業はすべて木浦出張所が担当した。

勧業模範場長には本田幸介《ほんだこうすけ》技師が任命された。そして古在由直農事試験場長が兼任技師に、安藤廣太郎技師が綿花栽培事務嘱託に任命された。木浦出張所主任として三浦直次郎技師が任命され、木浦出張所には他に三人の技師と二人の書記が置かれた。

一九〇七年四月一日に統監府勧業模範場は韓国政府に移管された。韓国政府は勅令をもって勧業模範場官制を発布し、農商工大臣の主管とした。統監府所管の職員が韓国政府の招請を受ける形で事業経営を委託された。

一九〇七年五月一五日、勧業模範場開場式が盛大に行われた。式には来賓として伊藤博文統監をはじめ、韓国政府農商工大臣以下、日韓両政府の官吏、京城駐在各国領事、各種団体役員、実業家、新聞記者など八〇〇余名が参席した。伊藤統監は、訓辞において、「模範場設置は韓国農業の改良を図るための事業の一端であり、韓国において改良せねばならないのは農業で、模範的な農事の改良が最も急務である」と強調し、「韓国人は何れも中国の学問の素養ある人が多い。中国においては農を以て国の本《もと》とすると古来より云って居《お》る。国は人を以て立ち、人は衣食を以て本とし、衣食は農を以て勉《つと》むにあり、衣食足りて始めて礼節を知ると云って居る。此の言葉や簡単なれども何れの国にも通ずるのである」と述べた。

一九〇八年一〇月、韓国皇帝が勧業模範場水原本部を訪れ、翌年六月には皇后が激励のため訪問し、農事振興に関する韓国政府の関心が高まった。

陸地綿採種圃事業は順調に進行し、優秀な成績が表われた。当初不信と誤解によって非協力的であった地方官民が徐々に理解を深め、農民の中で自ら進んで陸地綿栽培を希望する人が増えた。状況の改善によって統監府は独立した綿花栽培機関の必要性を認めた。一九〇八年三月、韓国政府は

「陸地棉研究発祥地」の碑（現在の木浦市庁敷地内にある）

臨時棉花栽培所官制を公布し、従来の勧業模範場木浦出張所の業務を引き継ぐ形で組織替えされ、臨時棉花栽培所が設置された。日韓併合に伴い、朝鮮総督府勧業模範場木浦支場に名称変更された。

木浦支場は、従来全羅南道地域の綿採種圃のみ管轄していたが、京畿道以南の七道すべての地域に経営管理権が拡大され、各地の綿花に関する事項を担当した。木浦支場は、綿花栽培の改良指導および綿種子の配布など重要な役割を担った。

一九一二年三月、棉花栽培協会は役割を終了したと判断して解散した。陸地綿に関する事業は各道庁に移管された。木浦支場は綿花に関する試験、調査および新規輸入の陸地綿種子についての研究・指導に従事した。一九一七年に総督府令により勧業模範場木浦棉作支場と改称され、一九二九年に朝鮮総督府農事試験場木浦棉作支場に変更された。韓国における綿作奨励はすべて木浦棉作支場の試験調査に基礎を置いた。政治体制の変遷によって機関名は何度も変更されたが、陸地綿の発祥地を管轄する木浦支場の採種圃が一貫して陸地綿の母体としての役割を担当した。

朝鮮陸地綿の普及と綿産業の発達

　陸地綿栽培事業は試作時代から普及時代に移った。栽培希望者が年々増加し、栽培面積が著しく拡大された。木浦試験場における品種改良や試験成績に鑑み、陸地綿の中でも米国種「キングス・イムプルーヴド」(Kings Improved) が韓国の風土に適するとして、この一種に限定して奨励し、全国に普及した。一九二三年から陸地綿早熟種キングス・イムプルーヴドから系統分離した「早熟系113－4号」と一九二六年から「豊産系380号」を育成し、南部地域だけでなく、朝鮮半島全域に広く普及した。一九二〇年には、朝鮮半島西部地方の在来綿に関する試験および調査と普及を目的として、平安南道《ピョンアンナムド》龍岡《ヨンカン》郡龍岡面《ミョン》に木浦棉作支場龍岡出張所が設置された。龍岡出張所での試験・研究の結果、改良品種「龍祥《ヨンサン》」が育成された。「龍祥」が一九三九年に朝鮮半島西部地方、すなわち黄海道《ファンヘド》、平安道における陸地綿奨励品種として指定された。その結果、陸地綿は朝鮮半島北端の咸鏡北道《ハムキョンブクド》を除くすべての地域に普及された。

　陸地綿栽培奨励政策推進によって綿作の栽培面積が拡張された。栽培面積の拡張とともに綿作農家が急増した。全国の陸地綿耕作農家は一九一二年の七万八〇〇〇世帯から一九三五年には八六万

図5－1　綿花栽培面積および生産量の推移

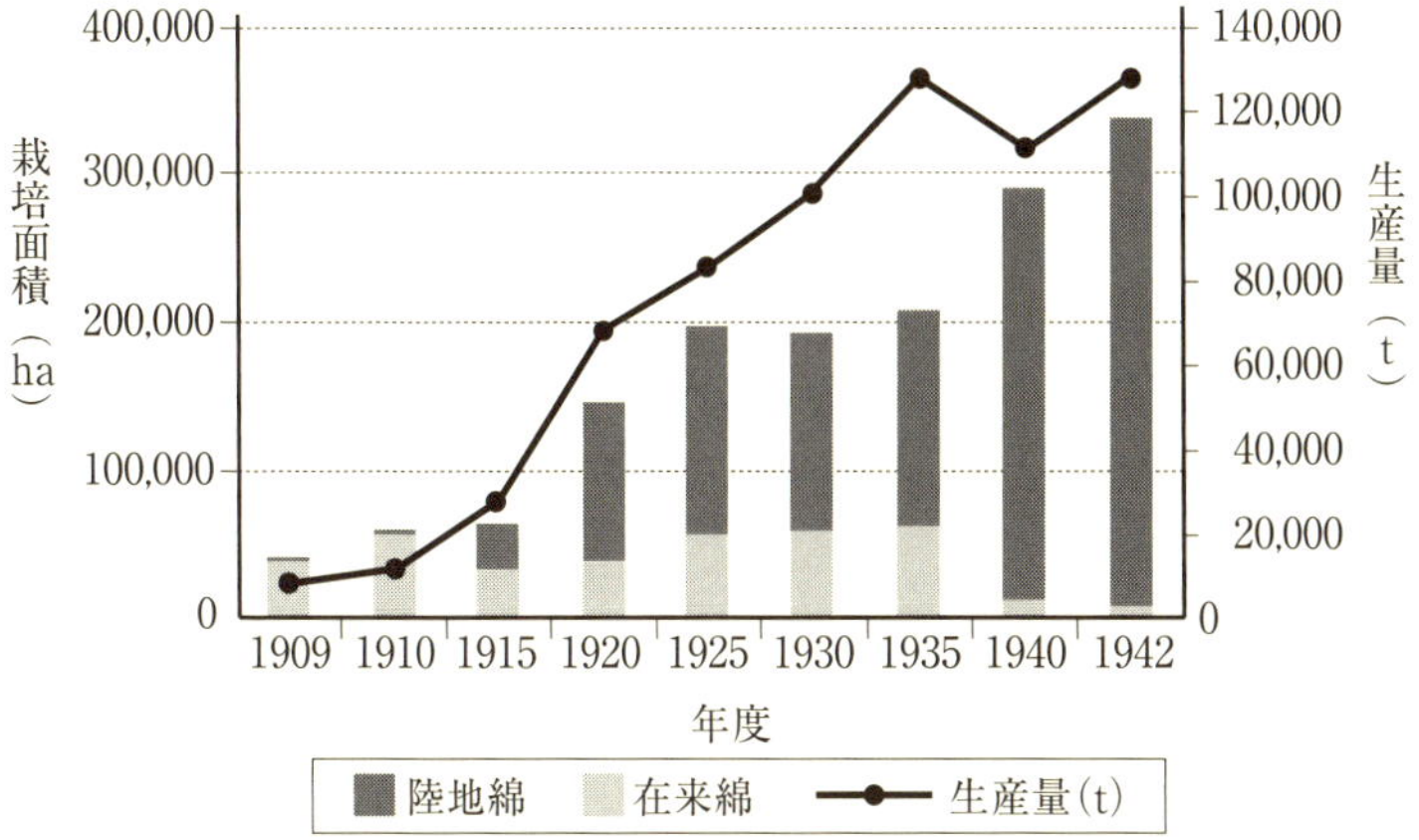

世帯に増加した。在来綿耕作農家も二九万世帯で、陸地綿農家と在来綿農家を合わせると、綿作農家は一一五万世帯であった。当時の畑耕作農家二七〇万世帯のうち、四二％が綿作農家であった。特に、陸地綿発祥地の全羅南道は畑耕作面積の二六％を綿作に充て、農業を営んでいた農家の六五％が綿作農家であった。綿作地の規模および綿作農家数は一九四二年まで増加した。その結果、農家の所得が増大した。

一九四二年には陸地綿と在来綿合わせて三四万ヘクタールの綿耕作地があり、生産量は一三万トンであった。そして一九四二年をピークに下降状態となる。地域的には全羅南道と慶尚南道および慶尚北道が地理的条件から綿作地が圧倒的に多い。北朝鮮地域では黄海道がもっと多く、平安南道が続いた。

陸地綿栽培奨励政策が功を奏し、陸地綿栽培農家が増加するとともに綿花の生産量が拡大した。従来韓国の農家は自家用として自給自足の範囲で必要な綿花を栽培していた。しかし、陸地綿の普及によって生産量が急増し、生産手段および品質の改良によって綿花の商品価値が認識されることになり、農家の有力な収入源となった。綿花の生産量が急増し、収入が拡大するという好循環サイクルになり、綿作農家が次第に増加した。

綿作は主として中農以下の農家に普及した。当時農家は子弟の学費や結婚準備として現金収入が必要で、それらの収入を綿花栽培で得ていた。綿花を栽培して実綿として売るだけでなく、綿糸をつくり、織物や編物を作って商品として市場に出す工夫がなされた。収入増加によって生活水準が向上し、衣類など生活必需品への活用が増加することで綿製品も多様化した。着るものだけでなく、タオル、座布団、布団など寝具を手作業で作るなど、農家の婦人たちは農閑期になると、綿製品作りに精を出した。これらが家内工業発展の契機となり、一種の生活革命が起きた。韓国における綿業の発達は、農村における地域活性化をもたらし、農家の生活水準を引き上げる契機となった。

全羅南道地方は、天候および風土の条件が陸地綿栽培に適した土地であるという特色を活かして素早く対応し、綿作中心地として発展した。木浦港は綿花の集散地であることから、輸出港としての役割を果たし、綿関連産業の中心地となった。

綿作地の拡大とともに生産量が増大し、産業化が進展した。その結果、各地に綿花売買市場が形成され、関連企業である繰綿工場、製油工場、織布工場、製綿工場などが設立され、綿産業の一大ブームを起こした。

一九一三年から一九一九年までの間に、綿花の加工および販売を目的として綿業会社六社が全国主要都市に設立された。朝鮮棉花株式会社（木浦）、朝鮮製棉株式会社（京城）、朝鮮紡績株式会社（釜山）、南北棉業株式会社（木浦）、西鮮繰棉株式会社（鎮南浦《ジンナムポ》）、京城紡績株式会社（京城）である。これらの会社が各道に分散し、繰綿工場および紡績工場などを設立して綿産業を主導した。

一九二四年には全国各地に五〇か所の繰綿工場が設立され、そのうち二八か所が木浦に設立された。韓国人経営の工場は一七か所あった。

農業から工業への産業転換期に、綿関連産業の発達が紡績業発達の契機となり、日本の巨大産業資本が紡績工業に進出した。韓国人経営者も紡績工業に参入したが、その大部分は従業員五〇人未満の小規模工場であった。

当時、日本は機械紡績工業の勃興により原綿の大量消費国であったが、気候や風土の関係で需要に見合う綿花を生産できず、輸入に頼っていた。

朝鮮における綿花栽培量は日本植民地内でも群を抜いていった。一九三七年の帝国内の生産量は六万七五〇〇トンであった。うち朝鮮の生産量が四万六〇〇〇トンで、全体の六八％を占めている。その多くは全羅南道地方で生産され、木浦港から出荷された。

当時、朝鮮から綿花を輸入していた日本の紡績会社は、倉敷紡績、大阪合同紡績、大日本紡績、東洋紡績、富士瓦斯紡績、天満紡績、岸和田紡績、大阪莫大小紡績、鐘紡紡績、福島紡績など六四社を数えた。

陸地棉栽培三〇周年記念事業

綿花栽培の拡大によって綿産業が発達し、主要産業として脚光を浴びることになり、陸地綿導入から三〇周年に当たる節目に記念事業を行おうという動きが各方面から出ていた。棉花奨励三〇年記念会が結成され、全羅南道農会、朝鮮棉花同業会、木浦府および木浦商工会議所の共同主催で、一九三六年八月二七日、木浦小学校講堂で三〇周年記念祝賀会が開催された。記念式典には、総督代理として矢島杉造農林局長はじめ、農林局技師などが参席し、全国から関係官民有志数百名が参集して盛大に挙行された。記念事業の模様を『木浦新報』は、一九三六年八月二七日付で、特別記念号を組み、五面を記念式関連記事に充てた。

若松兎三郎は「欝勃《うつぼつ》たる奉公心から私費を投じ棉試作」と陸地綿試作の経緯を振り返りながら、長文の所感を同新聞に寄稿した。「若松兎三郎は当時木浦領事にして初めて高下島に米国種棉の試作をなし今日の発端を拓きし人、功績の第一人者であり三十年記念に際し所感を本社に寄せてきた」と編集部のコメントが付いていた。

また、大日本紡績連合会書記長の在任中、東京で棉花栽培協会創立に尽力し、棉花栽培協会理事として活躍し、東洋紡績社長として終生朝鮮綿花に関わった庄司乙吉は、同紙において、若松兎三郎を「棉作の恩人」とし、「朝鮮における陸地棉栽培事業の歴史に、どうしても見逃すことのできない人物は若松兎三郎である」と述べた。

農商務省技師として高下島の米国種陸地綿の試作地を視察し、肯定的な報告書を提出して日本の朝野を動かした月田藤三郎は「最も記憶すべきことは明治三七年（一九〇四年）の昔に於いて若松兎三郎が木浦の一角において陸地棉を試作したる卓見と努力である。氏の此の挙あってこそ初めて今日の盛況を見るに至ったのである。余は棉花奨励三十年を記念するに当り同氏の事業に対する追憶を新たにし、永久にその偉大なる功績を偲びたいと思ふ」と所感を述べた。

棉花奨励三〇周年記念会では、陸地綿発祥当時、陸地綿栽培奨励の基礎を作っ

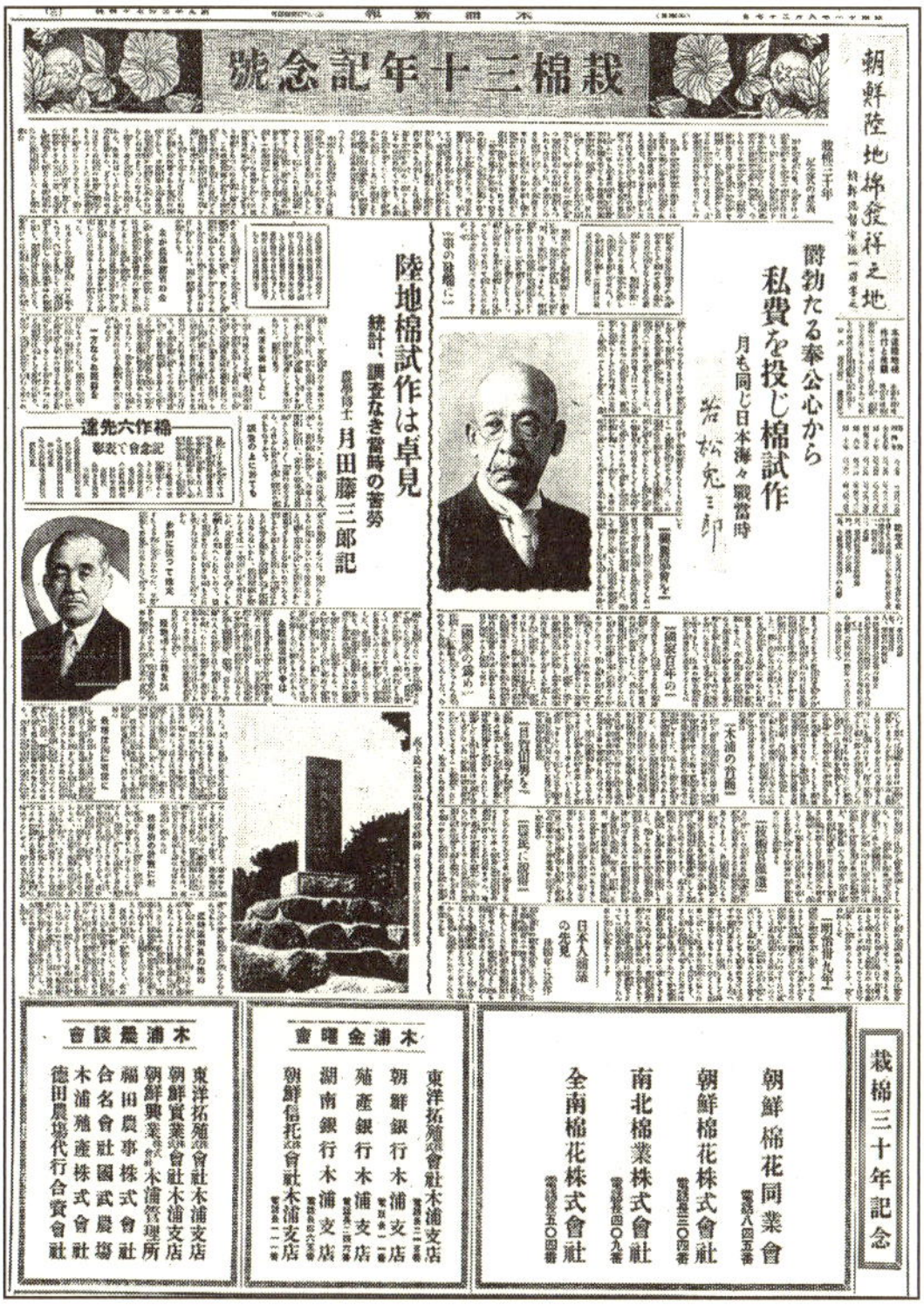

栽棉三十年記念號

朝鮮陸地棉發祥之地

躍勃たる奉公心から
私費を投じ棉試作
月も同じ日本海々戦當時
若松兎三郎

陸地棉試作は卓見
統計、調査なき當時の苦勞
農學博士 月田藤三郎記

栽棉三十年記念
朝鮮棉花同業會
朝鮮棉花株式會社
南北棉業株式會社
全南棉花株式會社

木浦金曜會
東洋拓殖株式會社木浦支店
朝鮮銀行木浦支店
殖産銀行木浦支店
湖南銀行木浦支店
朝鮮信託株式會社木浦支店

木浦農談會
東洋拓殖株式會社木浦支店
朝鮮實業株式會社木浦支店
朝鮮興業株式會社木浦管理所
福田農事株式會社
合名會社國武農場
木浦殖産株式會社
德田農場代行合資會社

『木浦新報』の棉花栽培三十年記念号紙面

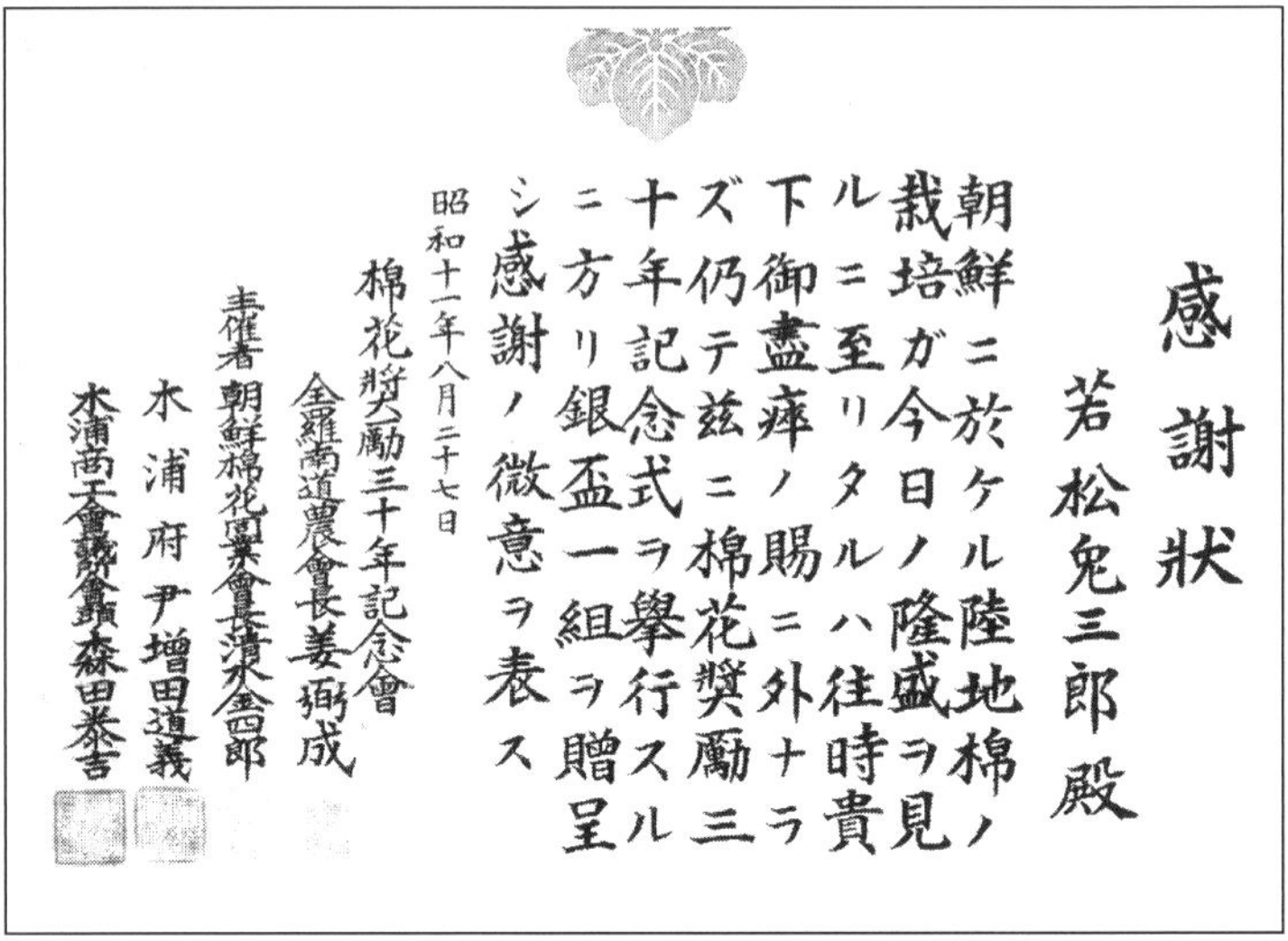
感謝状

若松兎三郎殿

朝鮮ニ於ケル陸地棉ノ栽培ガ今日ノ隆盛ヲ見ルニ至リタルハ往時貴下御盡瘁ノ賜ニ外ナラズ仍テ茲ニ棉花奬勵三十年記念式ヲ擧行スルニ方リ銀盃一組ヲ贈呈シ感謝ノ微意ヲ表ス

昭和十一年八月二十七日

棉花奬勵三十年記念會

全羅南道農會長 姜弼成

主催者 朝鮮棉花同業會長 清水金四郎

木浦府尹 増田道義

木浦商工會議所會頭 森田泰吉

栽棉三十年記念会から贈られた感謝状

た功労者六名に対し、表彰記念品として純銀製三つ組盃一重宛贈呈した。若松兎三郎の他に、初期において献身的に働いた安藤廣次郎農商務省技師、月田藤三郎技師、庄司乙吉棉花栽培協会理事、中村彦韓国政府農務局長、三原新三木浦棉作支場長に対して、記念品と共に感謝状が贈られた。

記念行事は、三〇周年記念祝賀会の他に、全鮮綿業大会、記念講演会、綿製品展覧会、祝賀模擬店などが二八日から三日間行われた。そして、陸地綿試作三〇年を記念して、陸地綿試作地の高下島の地に記念碑「朝鮮陸地棉発祥之地」が建立された（一二三頁参照）。題字は宇垣《うがき》一成《かずしげ》総督揮毫《きごう》によるものであった。

※「綿」の表記については、原則として「綿」としたが、当時の文献からの引用や組織名などは当時使われていた「棉」のままとした。

第六章　天日製塩の提唱者、若松兎三郎

輸入に依存していた朝鮮の食塩事情

塩は人間の食生活に必要不可欠な調味料である。古くから朝鮮半島では、沿岸各地において製造する煎熬塩《せんごうえん》を使用してきた。しかし、その製造法が稚拙で、しかも規模が小さい割には生産費が高くつくため、需要に応える生産体制を構築できなかった。そのため大量の不足分を日本、中国、台湾などから輸入していた。一八九〇年代前半までは主として日本から煎煮塩《せんしゃえん》を輸入し、その後は中国から天日塩《てんぴじお》を輸入した。

特に、一九〇〇年以後、中国から低廉な天日塩を大量に輸入した。一九〇三年から中国産塩の輸

入量が日本産塩の輸入量を超えた。開港場を経由して正式に輸入する塩の他に中国から相当の密輸入塩が入っていた。そのため、低廉な中国産天日塩に太刀打ちできず、韓国の製塩業界は減産を余儀なくされ、必要な食塩の消費量を輸入に依存せざるを得なかった。

一九〇九年の塩の消費量は一八万二〇〇〇トンであったが、国内製塩が一四万七〇〇〇トン余りで、三万五〇〇〇トンを外国から輸入した。消費量の増加に伴って、輸入塩が増加する一方、国内生産は減少する趨勢であった。この背後には、中国からの密輸入塩の問題があった。韓国政府としても塩に関する適切な対策を講じなければならない事情があった。

煎熬塩は海水から塩を採取するために濃厚な塩水を釜に入れ、煮沸して残存水分を蒸発させ、塩分を結晶させる方法で作る塩である。労働力と煎熬のための燃料を必要とするため、賃金および燃料費の高騰による経済性の低下、大量生産が難しいという欠点があった。

天日塩は、塩田を数区画に分け、海水を貯水池から蒸発池、結晶池へと移動させながら、太陽熱により次第に水分を蒸発させ、最後の結晶池で塩を自然に抽出する方法で作る塩である。天日製塩には、塩田地造成のための広大な干潟《ひがた》地と莫大な設備資金が必要であり、晴天日が続き、乾燥した気候が条件である。塩田地造成のための初期投資は必要であるが、運営に必要な経費は少なく大量生産が可能であり、長期的にみれば、経済的である。

天日製塩を提唱した若松兎三郎

塩不足問題解決のために、天日製塩を提唱したのが木《モッ》浦《ポ》領事若松《わかまつ》兎《と》三郎《さぶろう》であった。中国の杭《ハン》州《ジョウ》および沙《サ》市《シ》に勤務し、中国の製塩事情に詳しい若松は、中国と台湾で天日塩が生産される地域と韓国の全《チョル》羅《ラ》南《ナム》道《ド》地方が地理的、気候的に類似している点に着目した。広大な干潟地を有している全羅南道地方で天日製塩の可能性があると判断し、天日塩田築造のための調査・研究を日本政府に提案した。

働き盛りの木浦領事時代の若松兎三郎

　一九〇四年七月七日、若松領事は小《こ》村《むら》寿《じゅ》太郎《たろう》外務大臣宛に、「韓国塩業を我官業となす義に付調査方上申の件」を送付した。

　韓国産塩のおよそ半分を全羅南道地方で生産していることから察せられるように、当地の気候や立地条件は塩業に適しており、当地方において数万ヘクタールの塩田開拓が可能である。これは日本の塩田面積の数倍に当たる。また、中国からの密輸入が横

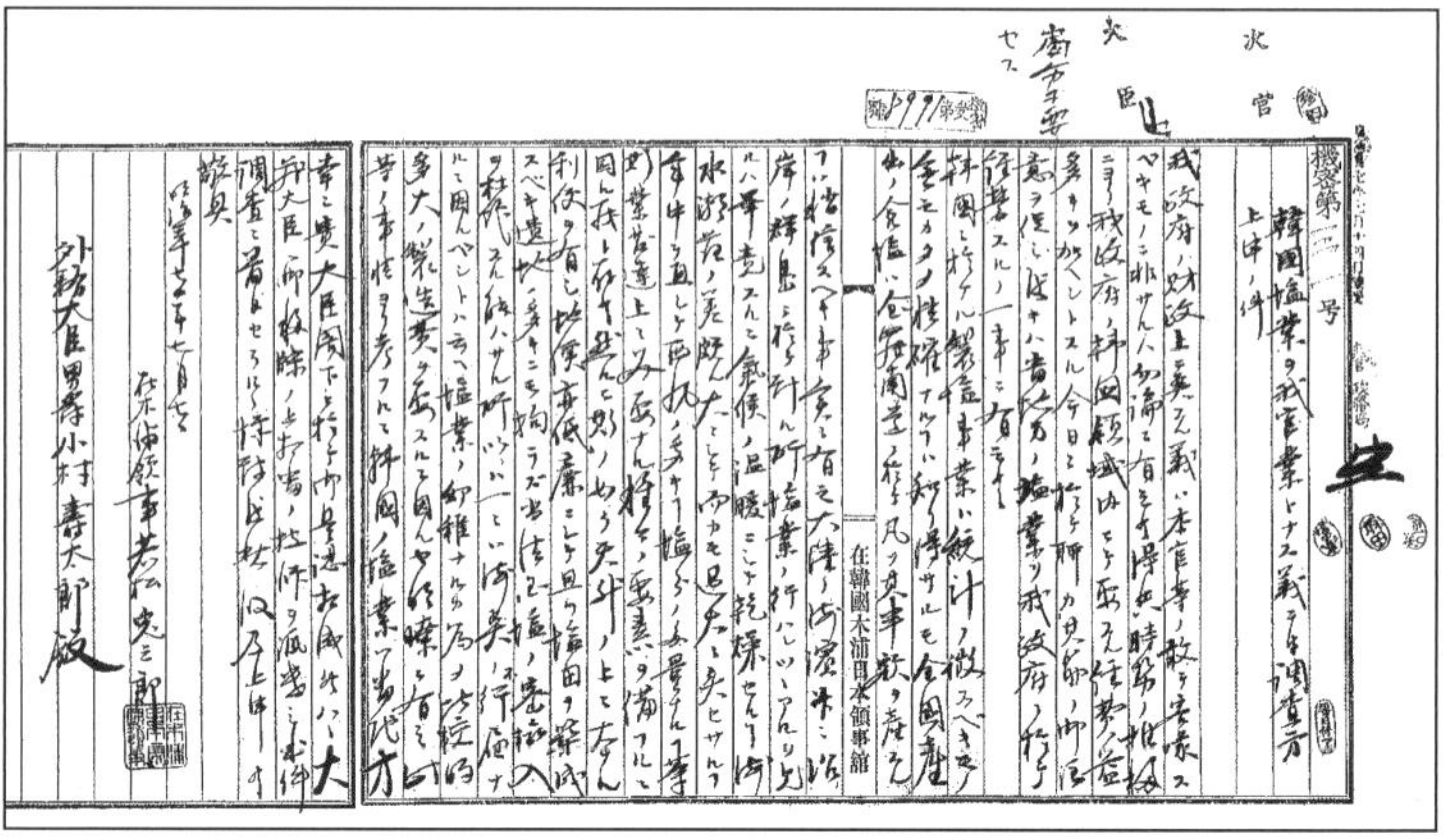

若松領事から小村外務大臣宛の報告書（外交史料館所蔵）

行している現状から見てその対策としても、韓国において近代的な塩業を興せば、韓国領域内で必要な経費の充当となり、日本の財政的負担を減少できる。大臣閣下の承認が得られれば大蔵大臣にご推牒のうえ、調査のため技師の派遣を希望するというものであった。

　若松領事からの書簡を受け取り、小村寿太郎大臣は、七月二六日付で回答を送付した。

「趣旨を了承した。政府においても考量し、調査して追って回示する」という内容であった。小村大臣から素早い回答を受け取った若松領事は、さらに「製塩業試験場に関する件」を八月三一日付で送付した。

　韓国塩業に関し、調査の要点は天日塩製法の成功如何にあり、実験の必要がある。幸に当居留地より一〇里（韓国里、日本の一里）以内に塩田二〇ヘクタールを作れる適当な土地がある。その土地は試験場に好都合である。土地所有主からその土地を買収して、韓国中央政府への開墾許可申請は韓国人名義にし、日本人の希望者に試験場を営ませることで実施する方法がある。これについて政府の判断を仰ぎたい。

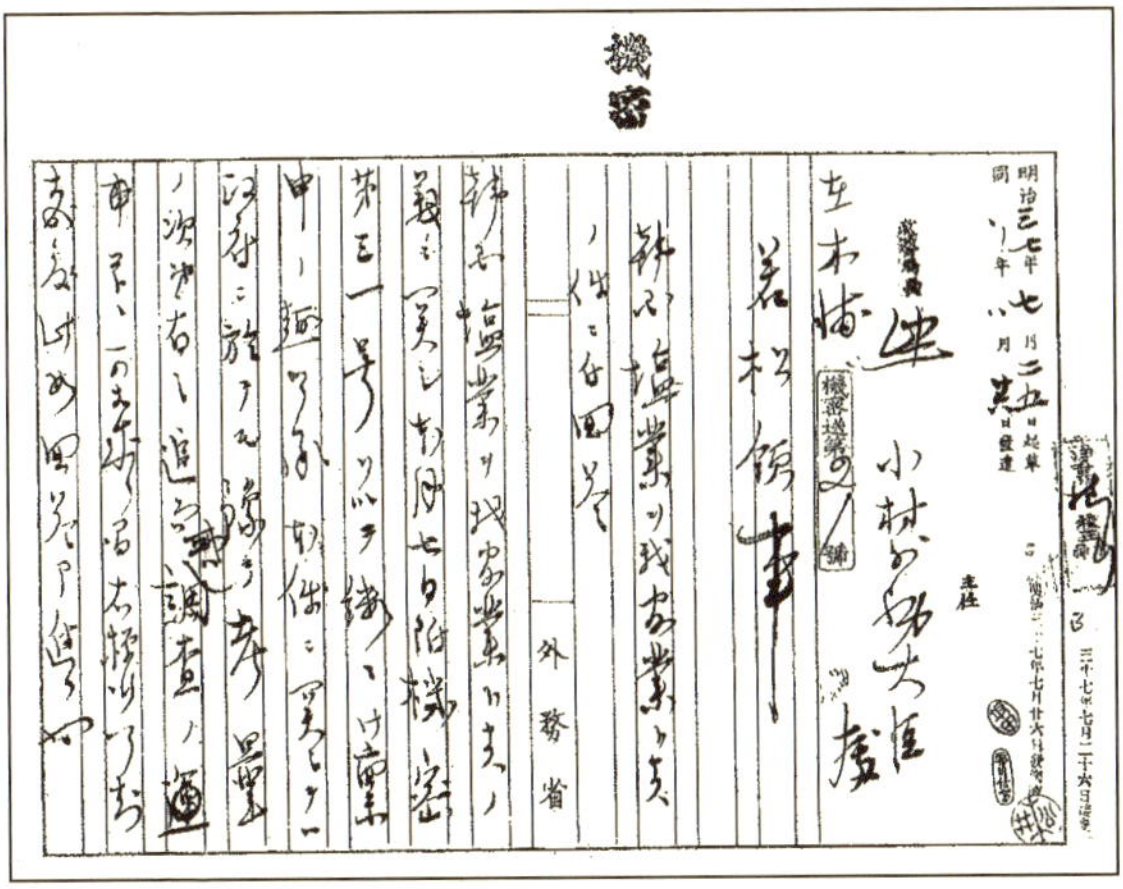
機密
外務省

小村外務大臣から若松領事への回答（外交史料館所蔵）

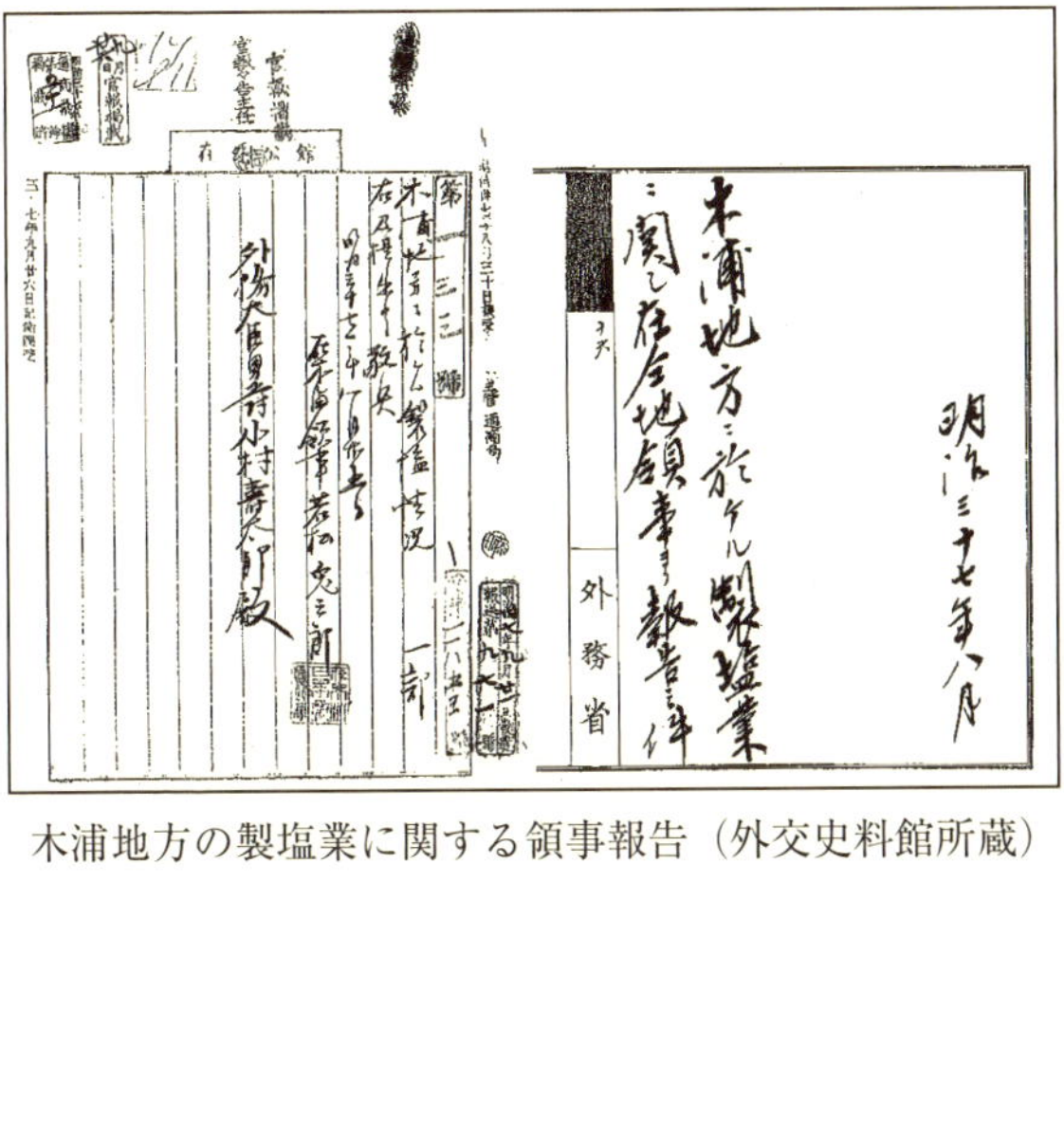
外務省

木浦地方の製塩業に関する領事報告（外交史料館所蔵）

小村大臣は先の報告を了承し、それに基づき、政府関連部署内で検討がなされ、同年一二月、農商務省技師下啓助《しもけいすけ》が農業事情調査目的で派遣された。

全羅南道の製塩業の状況を充分調査するためには滞在期間の充分な確保が必要であったが、派遣された下技師は限られた韓国出張期間中に、製塩業の他に、鉱産、農業、水産、土木山林等、調査対象が多岐にわたっていたため、塩業調査には高下島《コハド》および玉島《オクド》の塩田を巡視し、資料を収取して帰ったにすぎなかった。しかも訪問先は小規模の塩田であり、訪問の時期が一二月で、日照時間が短く、製塩作業のオフシーズンであったため、充分な調査とは言えなかった。

若松領事は全羅南道沿岸干潟地および栄山江《ヨンサンカン》水路状況調査のための技師派遣を再度要請した。有望な干潟地数か所を選定し、本格的な調査をするために技師一名、技手二名、通訳一名を派遣し、三か月間滞在させ、実のある調査をすることを要請した。

若松領事の要請に応えて、一九〇五年七月、山内一太郎《やまうちいちたろう》技師が派遣された。山内技師は約三か月間、有望な干潟地とされた海南《ヘナム》半島、珍島《ジンド》、慈恩島《ザウンド》および木浦港付近の干潟地三一か所を調査した。調査費用として山内技師に支払った費用は千円であった。当時としては大金であった。

山内技師の干潟地調査に関する報告書は外務省に提出されたが、外務省内の内部事情で調査報告書は公表されることなく、お蔵入りとなった。

地方当局との間で解釈上の問題もあった。租界から一〇里（韓里、以下同）以内であっても、土地所有権や開発に必要な権限は韓国側にある。天日製塩試験場建設のための干潟地使用に関する若

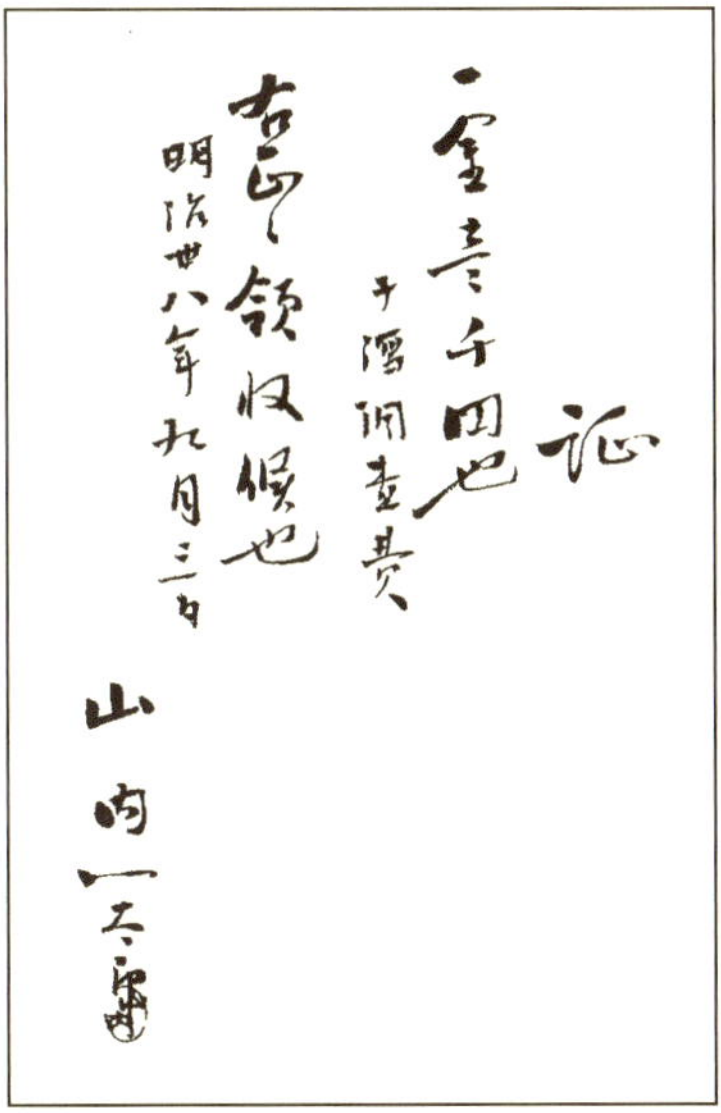

山内一太郎技師に支払った調査経費の領収証（外交史料館所蔵）

松領事の照会に対して、木浦地方を管轄する務安監理、韓永源《ハンヨンウォン》は韓国政府の判断を待たなければならないと慎重な態度であった。

京城《キョンソン》公使館も若松領事の発案により始まり進行していた状況に、露骨に反対はしなかったが、関心が薄く傍観者的な姿勢であった。そのような雰囲気を察した外務省は木浦地方における干潟地使用問題については、いったん了承したものの推移をみながら結論を出すとして留保となった。

一九〇六年二月の統監府の設置により、同時に木浦理事庁が設置された。若松は木浦理事官として残留したが、外務省所属から内務省所属に身分変更され、職務上外務省とのパイプは途切れてしまった。この時点で若松によって推進された天日製塩事業は彼の手から離れてしまった。

所属部署の変更は、若松兎三郎の生涯の大きな分かれ道となった。若松が熱心に取り組んでいた全羅南道における天日製塩試験場設置問題はうやむやになった。天日製塩試験場は当初若松領事が提案した全羅南道地方ではなく、仁川朱安《インチョンジュアン》に決まった。その後、天日塩田は朱安および平安南道《ピョンアンナムド》廣梁湾《クァンヤンマン》に築造されることになった。本来の意図とは違った形で設置場所は決定されたが、「天日塩田を作る」という若松の夢は実現された。

場所選定に関する経緯は定かではないが、設置場所については、生産性よりも経済性や政治的判断を優先したものと考えられる。西海岸に面している京畿道《キョンギド》および平安南道の干潟地は、塩の大量消費地である京城、仁川、平壌《ピョンヤン》など大都市に近く、運送費などを考慮したものと察せられる。さらに、中国大陸の対岸にあることから、中国からの密輸入塩への対抗策とも考えられる。

朝鮮半島最初の天日製塩試験場設置

一方、若松兎三郎は、韓国において天日製塩が有望であることを目賀田種太郎《めがたたねたろう》韓国政府財政顧問に建議した。天日製塩事業に成功すれば、韓国における塩の需給問題が円滑になり、日本の財政的負担の減少になると勧告し、そのための専門技師の派遣と必要な財政的補助を要請した。目賀田顧問は財政健全化に役立つのであればと、若松領事の提案を受け入れ、大蔵省に技師派遣を要請した。一九〇六年に日本政府から奥健蔵《オクケンゾウ》技師が派遣された。奥技師は試験地の選定のための実地調査を開始した。調査結果を受けて、仁川朱安に天日製塩試験場が設置された。朝鮮半島最初の天日製塩試験場である。

在来の煎熬塩は生産費が高くつくため価格上昇を招き、価格の低廉な中国産の天日塩の輸入激増に悩まされた韓国政府としても、目賀田顧問の意向を汲み、一九〇七年から塩業に関する調査を開始した。天日塩と在来塩の実験を同時に実施することを決定し、天日塩は仁川朱安、在来塩は慶《キョン》尚南道東莱府《サンナムドトンレ》（現在の釜山《プサン》）で同時に実施された。

試験の結果、生産性において天日塩は在来塩に比較できないほど優れていることが立証された。経済的見地から見ても天日製塩の優秀性が認められた。

しかし、製塩事業の主体を官営にすべきか、民間に委ねるべきかについて論争があった。天日製塩を民業とする場合は、在来の製塩業者の保護策となるが、彼らが古くからの慣行を変更して天日製塩を実行するかという疑問があった。多くは農家で漁業もしながら、副業として製塩を営んでいるのが実情であった。天日製塩の有利さを認めたとしても塩田開拓費用などリスクを背負って新しい経営に挑戦するかどうか疑問があった。そうなると、在来塩業者を保護するどころか、かえって衰退を招く恐れさえある。天日製塩の生産体制を整備して、生産費を抑えることで、外国からの塩の輸入を防止するという本来の目的が果たせなくなるのではないかという懸念が政府内にあった。

政府主導の天日製塩事業開始

当時の韓国における塩務行政の緊急課題は、外塩輸入による正貨流出の防止と同時に、国民生活上必需品である塩の供給量を確保することであった。その観点から政府が経営主体となって、自給自足を図るための天日塩田築造計画が立てられた。

韓国政府は天日塩田開発に必要な技術者の派遣を日本政府に要請した。当時日本には天日製塩に関する技術者がいなかったので、台湾で天日製塩に従事していた山田直次郎《なおじろう》と三木毛吉郎《けきちろう》を韓国官吏として招聘した。二人が韓国内の天日製塩の適地を調査し、仁川港沿岸の朱安と鎮南浦《ジンナムポ》港沿岸および廣梁湾《クァンヤンマン》沿岸の干潟地が選定された。

一方、日本政府は東京水産講習所（現在の東京海洋大学）に天日製塩技術者養成所を開設して技術者を養成した。同校卒業生たちが韓国に行き、官吏となり、朱安天日製塩試験場において山田、三木両人の指導を受けながら、草創期の製塩事業に従事した。

このように、天日製塩を官業とし、政府主導の天日塩田築造が始まった。在来塩の不足分を天日塩で充当させようとすると、巨大な天日塩田の築造が必要であった。しかし、必要な分を一度にすべて築造することは予算等の関係で困難である。漸次《ぜんじ》築造する方針を決め、一九〇九年から三年間で廣梁湾に七六四ヘクタール、仁川朱安に八七ヘクタールの天日塩田を築造した。引き続き一九三九年までに四二九〇ヘクタールを築造した。これで総生産量は二六万トンとなった。それでも需要には追いつかず、年間一四万トン相当の塩を輸入に依存した。

当時の民間塩田は一三一三ヘクタール、生産量は三万トンであった。全羅南道の塩田面積は八二四ヘクタールで、六三％を占め、次に慶尚南道の一一九ヘクタールであった。全羅南道と慶尚南道の生産量が全国の民間製塩の七七％を占めた。二つの道は地理的要因や気象条件により製塩に適し、古くから製塩業が栄えていた。これらの地域は地理的、経済的要因からすれば、天日塩田としての好条件を備えていたにもかかわらず、天日製塩が官営となったことで開発地域から外され、天日塩田は平安南道および京畿道に集中した。そのために、全羅南道および慶尚南道地域の製塩業者は競争力の弱い在来塩しか生産できず、民間の製塩業は次第に衰退した。その状況は終戦まで続いた。

天日製塩の輸出産業への転換

木浦地方の製塩に有利な自然環境に着目した若松領事は、一九〇三年に福岡県與原《よはら》塩業組合長山中益次郎《ますじろう》に嘱託し、高下島塩田の視察および調査を依頼した。山中は旧式の製造法を改良すべきであるという意見書を提示した。

若松領事は「木浦地方における製塩状況」を一九〇四年八月二五日付で、小村外務大臣に送付した。これが注目を浴び、一九〇六年六月に木浦塩業株式会社が設立された。しかし、天日製塩試験場は仁川朱安に建設されたことから、木浦地方の製塩業者は官業に圧迫され萎縮し、中国塩を輸入し再製塩しながら生き残った。

終戦とそれに伴う南北分断は韓国の製塩関連産業に大きな変革をもたらした。戦前の天日塩田は北朝鮮地域に偏在していたので、分断直後、韓国は塩の入手に大きな打撃を受けた。韓国政府は京畿道における日本人所有の塩田を接収して塩田拡張および増産を計画した。一方では、従来の官営を解除して民営天日製塩を奨励した。これを契機に全羅南道や慶尚南道地方において在来塩から天日製塩へと転換する製塩業者が急増した。

朝鮮戦争直後の疲弊した経済環境のなかでも、韓国政府は補助金を支給して製塩業者を支援した。塩田面積一〇ヘクタール以上築造するか、あるいは従来からの塩生産業者には所要資金の六〇%を斡旋するなど積極的に奨励した。終戦直後の塩田面積は二八九六ヘクタールで、年生産能力は一二万トンにすぎなかった。これでは自給自足は到底無理で、年間一〇万～一五万トンを輸入しなければならず、最低一〇〇万ドルの外貨を必要とした。韓国政府は強力な増産計画を実施した。一九五四年末の塩田面積は九三二〇ヘクタールに増加し、一九五五年の塩生産量は三四万トンに達した。三〇万トンを国内需要に充ててなお四万トンの余剰ができた。この時点で、韓国は塩の輸入国から輸出国へと転換した。天日製塩の増産は産業復興および自立経済確立に大きな貢献をしたのである。

特に、大量生産地である木浦地方の製塩業者は植民地時代の苦難をいち早く乗り切り、韓国政府の製塩事業への補助金制度に助けられ、政府および地方行政機関と協力して天日塩田の築造に取り組み、塩の増産に努め、製塩業の発展に貢献した。

最初の試作者が所有する一ヘクタールの天日塩田から始まった木浦地方は一九五六年には三二五六ヘクタールに拡張し、全国一の製塩産地となった。この頃は、木浦地方で在来式の煎熬製塩は姿を消した。

木浦地方は、一九〇四年に若松兎三郎領事が天日製塩に適する地域として日本政府に提案し、専門技師による実地調査を行った結果、天日製塩に有望な地方として評価された。しかし、政府の製

新安郡の天日塩田

塩政策において木浦地方は官営天日製塩指定から排除されたため、在来式の煎熬製塩を細々と営んでいた。木浦地方には終戦まで天日塩田は存在しなかった。

木浦地方における天日製塩は、平安南道の天日塩田で約一年間働いた経験を持つ務安《ムアン》郡飛禽《ビグム》島《ド》（現在の新安郡飛禽面）の朴三萬《バクサムマン》という人が、戦後帰郷して、一ヘクタールの天日塩田を自ら築造したのがその始まりである。

一九〇九年から開始された塩の専売制度は、韓国政府樹立後、国家独占経営形態から自給自足のための生産手段として民営化へと転換した。政府主導の専売形態を縮小し、民営塩田の開発が促進された。天日塩田の拡張によって、生産量が急増し、一九五五年には国内需要が充足し、生産過剰となったため、塩業の専売制度は廃止し、完全民営化となった。

第七章　若松兎三郎の日露戦争と東郷平八郎との縁

日露戦争の秘められた史実

日露戦争の主要な目的は朝鮮半島における日露間の利権をめぐる戦争であった。日本はロシアとの対戦に備えて、開戦数年前から、朝鮮半島南部の木浦《モッポ》港付近を対露戦争の前進根拠地にするための準備を進めていた。この準備作業は秘密裏に行われていたため、公刊された日露戦史には書かれていない。半世紀以上、「極秘」扱いされ、非公開であった史料が一九八〇年代後半以後に明らかになった。

海軍当局は日露戦争後の一九〇五年一二月から一九一一年まで日露戦史編纂に着手し、『極秘明治三十七八年海戦史』（全一二部、一五〇冊）を完成した。膨大な史料である。これは一般に公開されることなく、必要な部署に必要な冊数が配布されただけで、全冊を保持しているのは皇居と海軍省文庫のみであった。第二次世界大戦後海軍省文庫のものは焼却されたが、明治天皇保存の一セットだけが処分を免れ、戦後防衛庁戦史部に移管された。これが唯一の日露戦争の公式戦史である。一般に日露戦史として利用された『明治三十七八年海戦史』（全四巻）はこの一部であった。

『極秘　明治三十七八年海戦史』は現在防衛研究所戦史研究センターに「千代田文庫」として保管されている。この中に、日露戦争開戦前の準備作業の史料がそっくり入っているが、意外に研究されず、ベールに包まれたままになっている。

開戦前に朝鮮半島南部海岸の木浦周辺に、日露戦争前進根拠地にするための作戦として長崎の佐世保から海底電線を敷設し、気象観測所を設置し、防備隊を駐屯させたことや、開戦直後東郷平八《とうごうへいはち》郎《ろう》連合艦隊司令長官が数週間、前進根拠地八口浦《パルクポ》に滞留し戦略拠点として使用していたことが判明した。一般に知られていない史実である。

また、若松兎三郎《わかまつとさぶろう》木浦領事が外務大臣からの指令を受けて、秘密裏に行われていた準備作業に領事として様々な便宜を提供した事実も明らかになった。

日露戦争が日本の植民地支配の始まりであったという歴史的な事実を鑑み、日露戦争の記録を今一度読み直し、検証してみる必要がある。特に、韓国との関連部分において現在まで明らかにされず、知らされていない事実が防衛省防衛研究所や外務省外交史料館などに所蔵されている。

佐世保―玉島間の海底電線の敷設

日露戦争開戦の二年前から日本海軍は、木浦港から約三〇㎞離れている八口浦付近の海底を測量し、海軍前進根拠地とするための準備を始めた。八口浦・玉島《オクド》が日本海軍の前進根拠地に選ばれたのは、地理的に要衝であったことに加えて、艦隊の進出と退却が戦略上容易であり、地域の島の給水事情が良かったからだ。すなわち、軍事戦略上重要な場所であった。

〝八口浦〟は現在の全羅南道新安郡荷衣面《チョルラナムドシンアングンハイミョン》玉島を起点に周辺に八つの海路が開かれていて八つの方向へと進出および退出が可能であるということから付けられた名前である。一つの島や浦口を意味するのではなく、玉島（面積四・七六㎢）を中心とする周辺海域および島嶼《とうしょ》の総称である。

一九〇三年一二月、海軍軍令部は逓信省と協議の上、戦略的拠点の必要上、朝鮮半島南部の八口浦を前進根拠地とすることを決め、佐世保より八口浦・玉島まで海底電線を敷設することを決定した。そのために横浜に停泊中の日本海軍の御用船沖縄丸（逓信省所管電線敷設船）を急遽長崎に回航させた。

沖縄丸は一八九六年に英国で建造された日本最初の海底電線敷設船で、九州―沖縄―台湾を繋ぐ海底電線を敷設した実績がある。しかし、機密保持のため乗務員の大部分は行先や目的も知らされずに出航した。名目上の任務は奄美大島、徳之島間および馬関海峡の海底電線修理であったが、実際は日露戦争準備のための海底電線敷設が任務であった。一二月三〇日、横浜港を出発し、年明けの一月二日、長崎に到着した。直ちに佐世保と八口浦・玉島間の海底電線敷設の準備に着手した。一九〇四年一月四日、山本権兵衛《ごんべえ》海軍大臣は大浦兼武《おおうらかねたけ》逓信大臣に次のような照会文を送達した。

時局の趨勢に鑑み九州および対馬島と韓国との間に軍用海底線を敷設し、通信の敏活を計ることは焦眉の急であるに付き、右敷設方貴省へ委託致す。

大浦逓信大臣は、梶浦重蔵《かじうらじゅうぞう》逓信技師に電線敷設船沖縄丸を使用して速やかに実行するよう命じた。一方、山本海軍大臣は水路部部員布目満造《ぬのめまんぞう》海軍少佐に対して、沖縄丸に便乗し、電線敷設を秘密かつ迅速に完成させるために必要なすべての権限を与えた。同時に、東郷平八郎連合艦隊司令長官に対し軍艦明石を護衛艦として出動させるよう要請した。また、小村寿太郎《こむらじゅたろう》外務大臣に対し在木浦領事若松兎三郎に電訓を発し、布目海軍少佐に諸々の便宜を与えるよう要請した。

これを受けて、東郷平八郎連合艦隊司令長官は、明石艦長海軍中佐宮地貞辰《みやじさだとき》に対し、沖縄丸の海底電線敷設事業を護衛するよう訓令し、沖縄丸とともに八口浦に向けて出発するように命じた。

沖縄丸は佐世保において、海底電線の陸揚げ地点の位置を選定するなど最終的な準備作業を点検した。海底電線敷設は極秘に行われる作業だったので、作業船沖縄丸の偽装工作が必要であった。船体を黒色に塗り替え、船名を富士丸と仮称した。船首の艤装《ぎそう》物工事は終夜行われた。

一月一一日朝、沖縄丸は佐世保を出港し、軍艦明石の護衛を受けながら、一三日午後、目的地八口浦に到達した。取り急ぎ、この地域を管轄している木浦領事の協力を得るために木浦港に向かった。

布目海軍少佐は若松兎三郎木浦領事と玉島に陸揚げすべき電線の秘密保護および電柱の格納や警備などに関して協議した。若松領事は玉島に巡査一名を派遣し警備に当たらせるとともに、作業現場の監視のために監視員三名を雇って現地に行かせた。

一五日午前八時頃、沖縄丸は巡査および監視員を玉島に上陸させ、現地人が近寄らないように警備体制を敷き、ケーブルの陸揚げに着手した。陸上にテントを張り、沖縄丸は敷設作業を開始した。電線の両端を接合して、玉島と佐世保間の電信線の敷設が完了した。

電線敷設作業が成功裏に終わると、歓声が上がった。関係者一同安堵した面持ちであった。沖縄丸は所期の任務を遂行し、一月一七日午後五時、佐世保に帰着した。

以上のような経緯で玉島に電信取扱所が架設された。このように、八口浦および玉島は日露戦争時の日本海軍前進根拠地としての役割を担った。

若松領事は佐世保―玉島間の海底電線敷設に際して、警備を担当し、機材などを預かるなど様々な便宜を提供した。若松領事みずから現地に赴き、終夜小艇の中で急潮に流され漂流することもあった。若松領事は一九〇四年二月一八日、連合艦隊旗艦を訪れて、東郷平八郎司令長官に面会した記録がある。

玉島における海底電線の敷設作業が完了すると、若松領事は電線を木浦まで延長して韓国線に接続すれば、通商上永久に利益となると小村寿太郎外務大臣に報告した。関係省間の協議の末、若松領事の提案が承認されて、海底電線が木浦に繋がった。

八口浦防備隊設置

一九〇三年一二月、海軍軍令部は羅州《ラジュ》群防御計画を策定し、八口浦付近の防備計画を推進した。周辺海域に水雷衛所および砲台を設置し、軍艦の威力を高め、八口浦に通じる諸水道を押さえることであった。その一環として、翌年一月二七日、八口浦防備隊が編成された。佐世保鎮守府司令官の下に八口浦防備隊が設置され、海軍大佐大久保喜造《よしぞう》が防備隊司令官に任命された。大久保司令官は一月三〇日以来、佐世保水雷團《だん》内に仮事務所を設置し、諸般の準備に着手した。

大久保司令官は防備隊参謀などを従え、運送船営口丸にて二月一二日、佐世保を出発し、八口浦に到着、実地を視察した。視察を終えてから、一八日に佐世保に帰着した。二月二三日、大久保司令官は鮫島員規《さめじまかずのり》佐世保鎮守府司令長官に視察報告書を提出した。

大久保司令官は、砲台および水雷敷設位置や現況などについて報告し、防備隊本部建物の建築のために約六〇坪の土地の購入を要請した。

東郷連合艦隊司令長官は、二月六日、佐世保港出発に際し、仮装巡洋艦台南丸艦長海軍中佐高橋

助一郎《すけいちろう》に対し、仮装巡洋艦台南丸と台中丸を率いて八口浦に赴き、同地の水雷敷設に従事するよう命じた。艦隊付属敷設隊は台南丸と台中丸に分乗して二月七日、八口浦に到着し、当地の防備作業に着手した。三月三日までに玉島、長柄島《チャンビョンド》、大也島《デヤド》北方面、大也島東方面、南島《ナムド》、北島《ブックド》における砲台築造、兵舎および弾薬庫の建設、水雷衛所および試験室の建設、水雷敷設、無線電信柱架設などの作業を完了した。作業は二〇日間、作業人員延べ人数七五〇名。他に、玉島には井戸二個と水溜（コンクリート製）一個所を造った。

これらの一連の処置は八口浦を日露戦争の前進根拠地にするための準備作業であった。日本海軍は日露戦争を想定して重要な戦略基地とするために八口浦の玉島に電信取扱所を設置した。近隣海域を航海する艦船と連絡を取ることが主要目的であった。そのために八口浦の玉島は日本海軍の重要拠点となった。

八口浦・玉島の軍用地買収に関与した若松領事

日露戦争開戦に備えて八口浦・玉島に日本海軍の軍用電信取扱所が設置され、玉島に八口浦防備隊本部が設置された。若松兎三郎木浦領事は小村寿太郎外務大臣経由で、山本権兵衛海軍大臣からの要請を受け、現地派遣の海軍官憲と協議し、軍用地買収や警備など様々な便宜を提供した。こうして玉島を中心に、八口浦周辺が日本海軍の前進根拠地として重要な要所となったために、軍隊や要員を収容する施設が必要となり、その敷地が必要であった。また、玉島だけでなく、八口浦各地に砲台や付帯設備を設置するための土地を必要とした。

一九〇四年二月二八日付小村寿太郎外務大臣より若松兎三郎木浦領事宛の電信によれば、「軍略上の必要」により今般我電信取扱所の設置のため「八口浦玉島を帝国政府の保有に帰する」という方針が決定された。小村外務大臣は若松領事に対し、この方針にそって当地の海軍官憲と協議の上、民有地購入に尽力するよう指示した。

若松領事は小村外務大臣からの上記の訓令を受け、現地における海軍官憲の希望を聞き、現地の状況を判断して、小村外務大臣宛に「玉島地所購入方の件」を発送した。

土地購入に当たっては、「帝国政府の保有」は基本方針として決まったが、政府の中でも名義問題が重要な課題の一つであった。政府またはその他相当の名義を使用することが検討されたが、便宜上若松領事の名義を使用することで落ち着いた。根拠とする日韓協議書の規定が明確ではなく、予算や管理上の問題、税制上の問題などがあり、韓国政府とも協議を必要とすることなどが考慮された。したがって、若松領事が前渡官吏に任命され、土地売買交渉から契約、さらには管理まですべて関与することとなった。

当初は防備隊建物敷地として玉島の農地や森林など約七〇〇〇坪の用地の買収を予定し、その土地代六五五円と家屋の撤去移転費二〇〇円の合計八五五円が購入費用として見積もられた。最終的に用地買収金として支払われたのは八〇〇円七二銭三厘であった。

一方では、一九〇五年七月六日付八口浦防備隊司令官大久保喜造から佐世保鎮守府司令長官鮫島員規宛の報告には収用地の総計約一万六〇〇〇坪となっている。これに基づき、佐世保海軍経理部の財産簿には一万六〇〇〇坪と登記された。松林は別にしても計算書に記載された面積と登記上の面積には大きな差がある。このあいまいさ故に八口浦防備隊引き揚げ後の財産整理において問題となった。

日露戦争期間中、八口浦において艦船用給水設備が必要であった。給水所設備に適する場所を調査して欲しいという連合艦隊附属敷設隊分隊長からの依頼を受け、若松領事は領事館傘下の巡査を八口浦地域に派遣して調査した。慈恩島《ザウンド》に有望な場所を発見したという報告を受け、若松領事は一九〇四年一一月一日、「艦船用給水設備に関する件」を小村外務大臣宛に発送した。小村外務大臣は山本権兵衛海軍大臣にこの件を通知した。山本海軍大臣は木浦領事が海軍担当官と協議の上、同港の給水事情などを調査するよう電訓すべしと回答した。

若松領事が慈恩島に行き、候補水源地を確認し、土地所有者たちと売買交渉の際、慈恩島居住地主から水源池の内、約一万坪の池と水田約一八九〇坪および畑約九六〇坪を献納したいという申し出があり、関係省庁間の協議の上、日本政府は受け入れた。

日露戦争の終結によって、八口浦防備隊の役割が終了したことから、同防備隊は駐屯地の八口浦から引き揚げることとなった。そのために、同防備隊所属建物の撤去処分の問題が発生した。撤去処分には一定の時日を要するため、木浦領事館が一時保管した。

表7－1　八口浦海軍用地面積

単位：坪

	畑	水田	松田	家屋	池	原野	計
慈恩島	2,257	5,253			11,328	603	19,441
睡雉島	560						560
玉　島	14,803	1,899	9,017	272	47	3,682	29,720
大也島	518		411			600	1,529
長柄島	484	77				229	790
計	18,622	7,229	9,428	272	11,375	5,114	52,040

出所：防衛研究所

一九〇八年七月三〇日に公布された統監府令により、海軍省として八口浦防備隊敷地の所有権証明手続を行うため、海軍省経理局主導で、木浦理事庁保管の用地収用に関する書類の調査および各用地の実況調査の結果、八口浦海軍用地は初期の資料に基づいた佐世保海軍経理部の財産簿に登記されている一万六〇〇〇坪とは相違することがわかった。理由としては、戦時という特殊な事情により、必要に応じて土地を収用し、土地使用による損害に対する賠償の名義で対価を払うこともあり、また、軍関係者が表面上は海軍省名義で個人的に買収した例もあり、韓国人地主からの献納もあるなど、複雑な要因があった。

日露戦争期に日本海軍が八口浦において収用した土地は、玉島、慈恩島、大也島、長柄島および睡《ス》雉《チド》島の五島の合計五万二〇四〇坪であった。

八口浦海軍用地として買収した土地および献納した土地は一九一〇年の日韓併合後は朝鮮総督府所有の官有地となったが、本拠地であった玉島の元軍用地二万九七二〇坪は当初から玉島の居住者で、防備隊引揚の際、残務整理者より同島の管理を任された福岡県出身の小笠原吉松《よしまつ》が総督府との間で「官有土地貸付契約」を結び、五年契約期間を更新し、本人の死後は子孫が相続され、終戦まで借地権者として権利を行使した。

若松領事は、八口浦地域の軍用地買収にあたって、現地島民と直接交渉し、土地の地価より売買価格を二〇％ほど割増して支払うなど、地元民への配慮を欠かさなかった。そのため土地買収はトラブルを起こすことなく、順調に進行した。

朝鮮半島最初の気象観測所設置

日露戦争を前にして、一九〇四年二月九日、文部大臣久保田譲《ゆずる》、逓信大臣大浦兼武、陸軍大臣寺内正毅《てらうちまさたけ》、大蔵大臣曽禰荒助《そねあらすけ》および海軍大臣山本権兵衛の五大臣によって「韓国釜山・木浦・仁川・鎮南浦・元山津《ウォンサンジン》の五か所に測候所設置の件」の請議が内閣総理大臣桂《かつら》太郎に提出され、二月二七日、請議の通り閣議決定された。

請議案によれば、現在時局切迫し、日本の艦船の保護を全うすることが軍事上最も必要である。また、一般航海者が天候の変化を予知し、災害を未然に防ぐことができない。この際、臨時費を支出し、釜山、木浦、仁川、鎮南浦および元山津の五か所に測候所設置に関する閣議を要請した。

気象観測所設置は文部省所管であるため文部大臣久保田譲は、二月一二日、今回戦役の進行上韓国沿岸五か所に臨時気象観測所を置き、海陸気象を観測する必要があることから、中央気象台に臨時観測技手を置くための勅令制定に関する閣議を内閣総理大臣桂太郎に要請した。三月五日、臨時気象観測のため、中央気象台に臨時観測技手を置く件が明治天皇の裁可を得て公布された。同時に、釜山、仁川、木浦、鎮南浦及び元山の五か所に臨時測候所の建設に必要な予算が明治三六年度（一九〇三年度）臨時事件費一七二七万五四〇〇円、明治三七年度臨時事件費四七八四万六一九〇円が予算外支出として策定された。

久保田文部大臣は三月七日付で小村寿太郎外務大臣宛に信書を送り、勅令第六〇号に基づき、中央気象台に臨時観測所を設置し、臨時観測技師一五人を置いた。各観測所の位置は、第一臨時観測所は釜山もしくはその近傍、第二臨時観測所は木浦もしくはその近傍、第三臨時観測所は仁川もしくはその近傍、第四臨時観測所は鎮南浦もしくはその近傍、第五臨時観測所は元山もしくはその近傍に指定した。その設立準備に関し、中央気象台技師和田雄治《ゆうじ》を派遣するにつき、在韓国公使館および領事館の配慮を要請する旨伝えた。そして臨時観測所の位置は軍事上秘密を要するため公表しないことを申し添えた。さらに久保田文部大臣は三月一〇日、第二臨時観測所は韓国全羅道八口浦に設立すると通知した。

以上の経過をもって朝鮮半島における主要港五か所に東京の中央気象台から臨時観測技師が派遣され、現地領事の協力を得て臨時観測所が設置された。第二臨時観測所の木浦観測所は八口浦・玉島に設置された。八口浦・玉島が選定された理由は玉島にはすでに海軍軍用電信取扱所があり、八口浦防備隊が置かれていたことから、軍事上の必要性によるものであった。中央観測台から野田為《ため》太郎《たろう》臨時観測技師が初代所長として赴任し、三月二五日から観測業務を開始した。四月一日から一日六回気象観測が行われた。したがって、玉島は朝鮮半島における気象観測の発祥地である。日露戦争終戦後の一九〇六年四月に玉島気象観測所は木浦理事庁構内に移転した。玉島には気象観測発祥地の痕跡が残っている。

東郷平八郎連合艦隊司令長官の戦略拠点八口浦

日本政府が日露戦争開戦前から朝鮮半島西南海岸を前進根拠地とするための事前準備を行っていたことは前述の通りである。特に重要な戦略地と位置づけた木浦周辺においては、高下島《コハド》全土の土地買収を巡ってロシアとの間で土地争奪戦を展開し、日露開戦を予定して木浦港外の八口浦・玉島に軍用電信取扱所および気象観測所を設置した。また八口浦には防備隊を駐屯させ、各地に砲台を設置し、水雷を敷設した。なお、八口浦は東郷平八郎連合艦隊司令長官が日露戦争の序盤において数週間滞留しながら対露戦の戦略構想をしていた重要な戦略拠点であった。

日露両国が相互に宣戦布告したのは二月一〇日であるが、戦争行為は既に始まっていた。二月三日、山本権兵衛海軍大臣は伊東祐亨《すけゆき》海軍軍令部長と協議し、軍令部参謀海軍大佐山下源太郎《げんたろう》に密命を与え、東郷平八郎連合艦隊司令長官宛の緊急命令を持参して佐世保に向け出発させた。二月三日午後六時、山下大佐は東京駅を出発し、広島経由で二月五日、佐世保に到着し、第一号封令を東郷連合艦隊司令長官に手渡した。さらに山下大佐は開封の電報を伝達した。東郷長官は封令を即開封した。予測した通り、征露の御命令であった。驚くよりは来るものが来たという緊迫感が漂った。早速、司令官以上の軍幹部を招集し出征行動を取るための作戦会議が開かれた。

同時に、山本海軍大臣は東郷長官に電訓を発し、速やかに佐世保－八口浦間の電信連絡を開通させ、開通後は直接中央部に報告するように命じた。東郷長官は山本大臣からの電訓を受け取り、同日宮地貞辰明石艦長に口達命令した。「軍艦明石戦時日誌」によれば、明治三七年二月五日午後八時旗艦三笠において東郷連合艦隊司令長官より軍艦明石艦長に与えられた口達訓令の要領は次のようなものである。

一、其艦先に「沖縄丸」を護衛し佐世保－玉島（八口浦）間に敷設隠蔽せる電纜《でんらん》の通信を急速に完成させるために即時逓信技士数名を便乗させ、急航すべし。また玉島電信所の仮設備については当該官吏に充分の便宜を与えるべし。途中若し露艦に遭遇すれば、臨機の処置をし、同時に交戦権を与える。

一、佐世保に集中せる全艦隊（第一、第二艦隊、付属艦船艇共）は明六日出発し、七日午後二時頃シングル島に集合。貴官はこの会合時刻までに玉島にいて電信を受領し、「三笠」に致すべし。

この訓令に基づき、逓信省通信技師四名が軍艦明石に便乗し、二月五日午後一〇時三〇分、佐世保港を出発した。沖縄丸が一月中旬に敷設した電纜（ケーブル）敷設の異常および露艦の動静を探りながら、六日午後二時三五分に八口浦内玉島に到着した。直ちに電信所設備材料を陸揚げするとともに、通信技師が上陸して機械を据え付け、通信試験を行った。好結果をもって、午後四時、通信が開始された旨、山本海軍大臣および鮫島員規佐世保鎮守府司令長官に報告した。そして同夜連合艦隊司令長官宛の電報二〇余通を受領した。

軍艦明石は七日午前一一時過ぎに八口浦を出港し、午後一時二〇分、シングル水道において連合艦隊に接近し、八口浦で受領した電報を旗艦三笠に伝達した。

日露開戦は避けられないと判断した東郷平八郎連合艦隊司令長官は、山本権兵衛海軍大臣および伊東祐亨軍令部長と作戦に関する打ち合わせをすでに終えていた。三首脳間で意見が一致して奇襲計画が決定された。現地からの電信によって目的地の旅順港および仁川港に異常なしという報告を受け、条件が整ったと判断し、東郷長官は発進命令を出した。

佐世保－八口浦間の海底電線接続の任務をもって八口浦・玉島に派遣した軍艦明石の任務完了報告および旅順港および仁川港の現地情勢を知らせる伊東軍令部長よりの電報を受け取り、満を持しての作戦開始であった。

二月八日から旅順港のロシア艦隊に対する奇襲攻撃が始まり、ロシア側も応戦し、戦闘が開始された。まもなく、日本艦隊は攻撃を停止して旅順港を離れた。

第一回旅順港奇襲攻撃を終えると、連合艦隊主力は前進根拠地の八口浦に退去した。二月一一日から二〇日の間に主力艦隊は八口浦へ集合し、体制を立て直した。数週間の間、そのため八口浦は海軍作戦の中心地となった。東郷長官は本拠地の佐世保には帰らず、二月一二日から八口浦の前進根拠地に滞在しながら、各地からの情報を受け取り、大本営に報告する傍ら、作戦を指揮し、次の作戦を構想した。その間、八口浦・玉島の水雷敷設部や電信取扱所を巡視し、海軍基地用地の買収や警備体制のために尽力した若松兎三郎木浦領事の陣中見舞を受けた。

当面の作戦は旅順口閉塞作戦であった。ロシア軍が占領している旅順港の入り口に船を沈め、港の中にいるロシア軍艦が出てくるのを阻止しようとする作戦であった。旅順口港を閉塞するため閉塞隊が編制された。有馬良橘《りょうきつ》中佐が引率する七七名による部隊編成であった。二月一八日夜、八口浦海上の艦隊の中で東郷平八郎連合艦隊司令長官主催のささやかな宴会が開かれた。閉塞隊各士官を集めて激励のための晩餐会であった。第二艦隊司令長官上村彦之丞《うえむらひこのじょう》中将も同席し、勝利を勝ち取るための檄が飛ばされた。

旅順口閉塞作戦は三回にわたって実施されたが、これらの作戦は失敗に終わった。東郷平八郎連合艦隊司令長官は八口浦に滞在しながら、陣頭指揮していたが、体調が優れず、三八度三分の熱を出し、咳のため苦しむこともあった。それでも怯むことなく、軍医官の治療を受けながら軍事作戦を指揮した。持ち前の冷静さと忍耐力をもって旅順口閉塞作戦の失敗を徹底的に分析し、その教訓を生かすための研究に努め、次の作戦に活用した。

第八章　外交官人生で直面した危機

開港期木浦港の労働事情

木浦《モッポ》港は開港以来、日本との交流が盛んに行われた。新しいビジネスチャンスを求めて、大勢の日本人が木浦港に集まった。一九〇二年には一〇四五名（男五九二名、女四五三名）の日本人が木浦に居住していた。日韓併合の一九一〇年には三四九四名に増加した。当時の木浦府人口一万六六五五名のうち、朝鮮人七〇七六名、中国人七五名、欧米人一〇名が居住し、日本人が全体の三三％を占めた。港の発展に伴って、韓国国内から商人や労働者が集まり、人口は急増した。日本人の移住者も急増し、一九三九年には八五八七名に達した。

表8－1　木浦府人口の推移　　単位：人

年　別	朝鮮人	日本人	外国人	合　計
1897	—	206	—	206
1902	—	1,045	55	1,100
1905	—	2,020	79	2,099
1907	3,532	2,851	83	6,466
1910	7,076	3,494	85	10,655
1920	11,270	5,273	158	16,701
1930	23,488	8,003	326	31,817
1935	49,967	8,836	243	59,046
1939	59,832	8,587	112	68,531

出所：『木浦商工会議所統計年報』1939年版

木浦の港としての機能が活発になると、商人や労働者はそれぞれ組織化された。輸出商たちの木浦商話会と輸入商たちの木浦雑貨商組合が組織され、一九〇〇年に輸出商と輸入商の二つの組織が統合して木浦日本人商業会議所となった。彼らが木浦港の貿易業務を担当し、埠頭における貨物積載、荷役運搬船経営、運送業、倉庫業など関連業務をすべて独占した。

当時木浦には日本人を中心に木浦組、八頭司《やとうじ》組、長門組などの仲仕組《なかしくみ》があり、労働請負業務を行なっていた。

一方では、韓国商人と日本商人を仲介する韓国人客主(仲介業者)がいた。彼らは士商会社や新商会社などの客主団体を組織して日本商人を相手に営業していた。

埠頭労働者には階層別のグループがあった。グループにより仕事の内容も違い、賃金も違った。埠頭労働者たちの労働条件は概して劣悪であった。労働条件改善のために初歩的な労働者組織〝都中〟が存在したが、労働者たちの相互扶助の目的よりも埠頭労働の独占権を組織的に掌握することが主目的であった。特に、釜山《プサン》港から来た労働者たちが強い組織を持っていた。釜山出身という共通意識と連帯感によるものであった。彼らが労働運動の中枢的役割を担った。

当局は埠頭労働者を小単位に監督させる什長《じゅうちょう》のポストを置いて管理させるとともに、埠頭で働く労働者には鑑札《かんさつ》（許可証）を発給した。什長は韓国行政地域を管轄する務安監理によって任命された。開港以来、労働市場には一定の秩序が維持されたが、関係者の利害関係が絡み、人為的な運営が行われていたため、恣意的に行われる什長の任命を巡って争いが絶えず、紛争の温床となっていた。結局、被害を受けるのは一般労働者であった。

最初は無料で発給していた鑑札が有料となり、定期的に上納金を納める仕組みができた。また鑑札を入手するためには賄賂が必要であった。事態をさらに悪化させたのは、管轄の警務官が新たに什長数名を任命したことであった。任命権者である務安監理と警務官の合意によるものだった。什長任命に納得しない労働者たちが騒動を起こした。新什長派と旧什長派に分かれて派閥を形成し、対立する労働者間の軋轢《あつれき》が絶えなかった。

労働者の紛争から木浦港の通商が停止する事件が度々発生した。このような状況に不満を持った木浦日本人商業会議所は通商妨害事件とし、務安監理に直接談判をしたが、解決には至らなかった。若松兎三郎《わかまつとさぶろう》領事が務安監理と協議しても相互の主張がかみ合わず、合意には至らなかった。

日本領事館は居留地内での韓国人労働者雇用は日韓条約に明文化された権利であるとして、居留地内の韓国人労働者に対し、居留地警察署が取り締まり、居留地内で働く労働者に鑑札を交付する方針を決めた。これに対し、什長の任命権を既得権としていた務安監理は反発し、韓国人卸売商組織もこれに同情して日韓間の感情的対立となり、問題が複雑化した。ただストライキの長期化は、木浦経済を悪化させる要因なので避けたいという認識では一致した。若松領事は居留地会頭資格で務安監理と協議し、以下の内容で合意した。

一、居留地会の鑑札はその職権により発給すること。
二、務安監理もその職権を行使する居留地会員であることを認識し、若松会頭の方針を認め、会頭も監理が居留地会の鑑札以外に、別の監理の職権で鑑札を交付し自国民を取り締まることを認めること。

以上の合意により一九〇三年二月一五日、商取引は再開した。しかし、年末にまた騒動が起きた。騒動は年中行事のごとく発生していたが、この時は通常とは異なる様相を呈した。居留地内の韓国労働者の警察権を主張する務安監理など地方官吏が事件処理に熱心ではなく、傍観する態度であったとして、これに不満を持つ日本人居留民たちが過激な行動に出たため、紛争が拡大し事件化した。さらに、偶発的な事が重なり、結局、日本領事と韓国人地方官吏間の感情的な対立となり、国際問題に発展した。

国際問題化した労務紛争

度重なるストライキによって居留地の商業活動は停止状態となった。一九〇三年一一月一九日、日本人居留地会は緊急会合を開き、各商店が所有している韓国商人発行の手形および期限が過ぎた債権証書を集め、仲仕を韓国人部落に送り、債権を徴収させるようにした。居留地に出入りする韓国人商人の中に、債務がない人はほとんどいなかった。このような方法では、韓国人部落が混乱するのは明らかであったが、それを承知の上で圧迫による手段を講じた。

同時に、日本人居留地会代表六人は談判のために深夜務安監理署に向かった。監理は一行を丁重に迎え入れ、事情を聞いたうえ、翌日告示を出し、商取引の正常化に努めることを約束した。その時、監理署構内に数百人の群衆が集まり、窓の外で会談光景を見守っていた。突然、群衆の中で格闘が始まり、監理署職員が殴られる事件が発生した。監理が什長に任命した韓国人労働者数名が拉致される事件が発生した。また領事館に協力したとして韓国警察に逮捕されて獄中にいた前什長を連れ去る事件が発生した。

事態を伝え聞いた木浦税関長英国人ホプキンスが急遽監理署を訪問した。ホプキンスは監理の説明を聞いた後、この事態を若松領事に伝達した。急報に接した若松領事は、梅崎《うめざき》辰《しん》太郎《たろう》警部とともに深夜一時過ぎに監理署に駆けつけた。

若松領事、梅崎警部、務安監理およびホプキンス税関長による四者会談が開かれた。会談後、若松領事は群衆に解散を命じ、後のことは自分が処理するので、日本委員たちに引き取るよう要請した。

若松領事と監理との間で協議した結果、同日午前一一時を期し、従前通り就業し商取引できるようにすることを約束した。事件は居留地内で働く韓国人労働者間の派閥争いから起きた。地方官吏の影響下にあるグループと領事館の保護を受けるグループ間の葛藤から発生したものであった。したがって、この問題が根本的に解決しない限り完全な妥結は困難であった。

務安監理は若松領事の説得によって埠頭に行き、民衆に対し、生業に復帰するよう演説したため、労働者たちも就業についた。事件はいったん解決されたかに見えた。しかし、務安監理は翌日、次のような電報を韓国政府外部大臣に発送した。

日本領事および日本警部は、日本商民谷垣嘉市《たにがきよしいち》など五人に日本仲仕百余名を引率させ、棒剣を携えて本署に乱入して恐喝脅迫し、また警務署に乱入して罪人を奪い去り、我商民を殴打結縛して居留地内に拉致した。本監理は日本人からこのような圧迫を受け、国権が傷つき執務不能である。

また、木浦税関長ホプキンスも総税務司英国人ブラウン宛に「昨夜日本人は監理署を占領して圧迫を加えた」という電報を発送した。

報告を受けた韓国外部大臣は驚き、即座に日本国公使林権助《ごんすけ》に照会した。

（前略）もし公事上未解決の問題があれば法理を以て争うべきであり、民衆を連れて行き、監理を脅迫することは我国体を損傷することである。このような領事を駐在執務させることは我政府としては断じて赦し難きことである。貴公使は当該領事および警部を召還させ、かつ谷垣嘉市らすべての関係者を厳重処罰せられたし。

ブラウン総税務司もホプキンスの電報を携えて林公使を訪問し、真相究明を要求した。林公使は韓国外部大臣だけでなく、英国総税務司までが突然の照会をしてきたことに驚き、一方では、当領事からは何の報告もないことに危惧し、領事または日本商民に重大な失策があったのではないかと考え、即時若松領事に詰問的電報を発送した。

若松領事が一九〇三年一一月二一日深夜の出来事について京城《キョンソン》公使館に報告しなかったことはそれなりに理由があった。日露間の風雲が緊迫していつ国交断絶になるかわからない状況の当時、公使館は昼夜区別なく多忙を極めていた。木浦の労働者騒動事件は常時発生しており、その都度解決し、この時も地方で解決できると考え、国家の重大問題に対処している公使館に一地方の問題を提起するのは適当ではないと判断したのだった。

務安監理署訪問を主導したのは解決委員の木浦新報社長谷垣嘉市であった。若松領事は監理不在中に監理署を訪問することは賢明な方法ではないと反対の立場を示した。騒動が大きくなってから、ホプキンスの使者の通報で知った若松領事は梅崎警部を伴って現場に駆けつけ、群衆を解散させ、大きな事故なしに、騒動は収まり、監理との間で紛争解決のための方策をまとめるなど、円満に解決した。

しかし、務安監理が外部大臣に送った電報は一度落着した事件を蒸し返し、国際問題へと発展する端緒となった。時あたかも日露関係が緊迫した時期であったので、京城駐在西洋外交官たちも日本の行動を重視していた。若松領事からの充分な情報がない状況で、日本公使は緊急事態と考え、木浦に軍艦を派遣した。ロシア公使は日本が木浦事件を利用して韓国出兵の口実にするのではないかと疑い、仁川《インチョン》停泊中のロシア軍艦を木浦に派遣する準備を整えた。

現地とのコミュニケーションが不充分なまま事件は国際問題に発展したので、京城公使館は木浦領事と日本商人たちの行動を疑った。若松領事としては上京して説明するほどではなかったと判断し、積極的な弁解をしなかったので、事態は一層厳しくなった。監理側労働者たちは解決に向かっていたストライキがより過激になり、若松領事と梅崎警部は間もなく免職されるという噂が広まった。若松と梅崎は使用人を解雇し、荷物を整理して免官の電報を待っていた。

木浦日本人商業会議所西川太郎一《たろいち》会頭と木村健夫《たてお》委員が請願書を持参し、公使館を訪問して萩原《はぎわら》守一《もりいち》書記官に会って陳情した。

大倉財閥の設立者・大倉組社長の大倉喜八郎の木浦訪問。前列右から若松領事、大倉社長、高根信礼居留民団長

萩原書記官は、日露関係が緊張している時に事を起こすことは得策ではない。監理訪問は手続きが間違った行為であった。事故がなかったので幸いであり、ホプキンスの言動は無礼ではないと委員たちを戒めた。

一方、林公使の委嘱で韓国海岸警備中の日本軍艦済遠が仁川港を出発して、一二月一三日に木浦港に入港した。軍艦派遣は居留民保護を目的としたが、暴徒鎮圧のための兵隊派遣として噂が流れた。

事件調査のために韓国外部は韓永源《ハンヨンウォン》を査弁官に任命し、同一四日に木浦に派遣した。宮内府派遣の巡検隊が二〇日に木浦に到着し、木浦税関を管轄する仁川税関長フランス人ラポートも総税務司の命令を受け、二二日木浦に到着した。

若松領事、木浦税関長ホプキンスなど関

係者が協議を重ね、事件解決のための協定を結び、二五日に紛争が終結して商取引も正常化した。

査弁官として事件解決に尽力した韓永源が務安監理に任命され、日韓当局者間で作成された議定書を誠実に執行し、事件は終結となった。

若松は疑惑の責任者とされ、攻撃の標的となったが、一切弁明せず、領事任務を忠実に果たすことで誤解を解こうとした。しかし、若松の本意は伝わらず、この事件は若松の外交官経歴にとって大きな汚点となった。

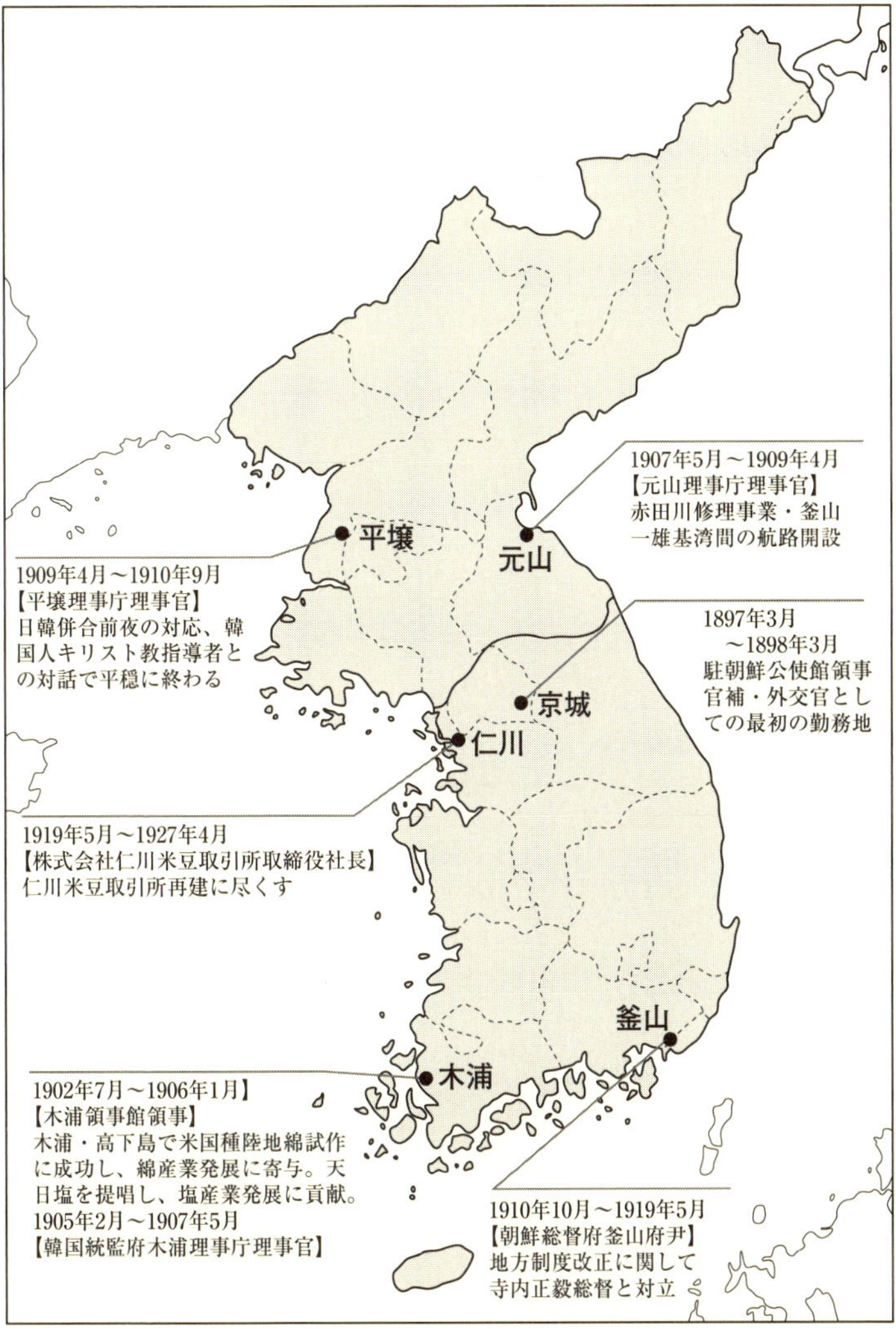
1907年5月～1909年4月
【元山理事庁理事官】
赤田川修理事業・釜山一雄基湾間の航路開設
平壌
元山
1909年4月～1910年9月
【平壌理事庁理事官】
日韓併合前夜の対応、韓国人キリスト教指導者との対話で平穏に終わる
1897年3月～1898年3月
駐朝鮮公使館領事官補・外交官としての最初の勤務地
京城
仁川
1919年5月～1927年4月
【株式会社仁川米豆取引所取締役社長】
仁川米豆取引所再建に尽くす
釜山
木浦
1902年7月～1906年1月】
【木浦領事館領事】
木浦・高下島で米国種陸地綿試作に成功し、綿産業発展に寄与。天日塩を提唱し、塩産業発展に貢献。
1905年2月～1907年5月
【韓国統監府木浦理事庁理事官】
1910年10月～1919年5月
【朝鮮総督府釜山府尹】
地方制度改正に関して寺内正毅総督と対立

若松兎三郎の勤務地・朝鮮半島6大主要都市

第九章　統監府及び総督府官僚時代

外交官から内務行政官へ移籍

一九〇六年二月、第二次日韓協約の成立により、京城《キョンソン》に統監府が設置された。初代統監に伊藤博文が赴任し、統監政治が始まった。駐韓公使館の廃止と統監府の設置に伴う組織替えが行われた。それによって木浦《モッポ》領事館は廃止され、木浦理事庁として再編された。

外交官身分であった若松《わかまつ》兎《と》三郎《さぶろう》は外務省所管部署への移動が予定されていたが、木浦理事官に転任した。本人の意志よりも、若松が木浦領事在職中、管轄の全羅南道《チョルラナムド》地方における農事改良、綿作の奨励、天日《てんぴ》製塩など産業開発に熱心に取り組み、現地の人たちからも評判がよかったことから、

木浦理事庁舎

統監府当局においても若松の実績を認め、木浦理事官への転任を勧めた。伊藤統監直々の要請があり、統監府農商工務総長木内《きうち》重四郎《じゅうしろう》は全羅南道視察中、わざわざ若松を訪ね、外務省復帰を断念し、留まって朝鮮の産業開発に尽力してもらいたいと激励した。統監府は若松のそれまでの功労を慰労する意味で任意期間の官費による日本国内旅行を命じるなど好意を示した。

木内重四郎は農商務省商務局長および商工局長を歴任し、貴族院議員を務めた後、京都府知事となった生粋の官僚出身であるが、若松の能力を高く評価してくれた。

外務省職員としての外交官の身分を放棄して統監府理事官への転任は、若松の人生を左右する分かれ道であった。若松の身分は外務省所属の外交官から内務省所属の地方行政官へ移籍となった。

元々外交官になり、多様な価値観をもち、人種や国境を超えた国際的な仕事を目指していた若松にとって、内務省官吏としての仕事は肌が合わなかった。特に、現地人の人権や生活権を無視するような植民地政策には違和感があった。

統監府設置により朝鮮における日本の植民地化が進み、一九一〇年の日韓併合によって植民地政策が本格的になるにつれ、韓国の人たちも納得できる日韓共生社会を追求しようとする若松のような人の意見は通用しなくなった。

実際に、若松が二五年間、韓国に勤務しながら、歴史的に評価すべき業績といえば、木浦領事在職の四年足らずの期間であった。すなわち、その時期には半植民地状態とはいえ、韓国の主権が維持されていたので、柔軟な対応が可能であった。また、所信を持って推進することが可能な立場であった。

本来、外交官の仕事は本国政府を代表して駐在国との様々な交渉を担当する役目である。交渉を成功に導くためにはまず相手国の事情を調査・研究し把握してから交渉に臨み、自国の利益を最大限獲得することに努めることである。交渉事を成功させるためには相手との信頼関係の醸成が必要である。若松は日本の国益だけでなく、現地の人々も納得し、協力してくれる共生への道を追求しようとした。

元山理事官時代、釜山－雄基間の航路開設に尽力

元山《ウォンサン》理事官に転任の命を受けたのは、東京出張中の一九〇七年五月であった。統監秘書官古谷《ふるや》

久綱《ひさつな》によれば、北朝鮮地域は交通が不便なので、交通問題解決には若松が適任であると送り込まれた。急いで木浦に戻り、荷物を整理して元山に赴いた。

この時期は統監政治が本格化し、韓国政府の要所に日本人が配置されて、植民地支配が強化された時期であった。若松は理事官としての本務に専念し、韓国側の地方行政には積極的には関与せず、主として現地住民の生活や福祉に関する仕事に関心を注いでいた。

若松が元山理事官時代に残した主な業績と言えば、赤田川《チョクジョンチョン》の修理について統監府に要請し、実現を早めたことである。また、釜山《プサン》―雄基《ウンキ》湾間の航路開設への尽力であった。当時、北朝鮮地方の交通事情は非常に不便であった。釜山から雄基湾までの東海岸沿岸航路の開設の必要性を認め、この事業を推進していた合資会社吉田船舶部の吉田秀次郎《ひでじろう》の計画に対し韓国政府に補助金の交付を陳情した。韓国政府による航路補助金給付は前例がない時代であったが、その時、統監府参与官木内重四郎は若松に全幅の信頼を寄せていたので、その提案を異議なく受け入れてくれた。結局、若松の意見が採用され、その結果、釜山―雄基間の東海岸沿岸航路が開設された。これが韓国における最初の命令航路となった。この補助金給付の成立によって発展した同船舶会社が、後の朝鮮郵船会社の基となった。

若松はこの頃、京城に行くと、伊藤博文統監を訪問して話すことが楽しみであった。伊藤も若松を歓迎してくれた。ある時、伊藤が若松の友人である三浦彌五郎《やごろう》京城理事官に向かって話した。

「いま若松が来て話して行った。若松が朝鮮のために考えてくれているのが頼もしい限りだ」と。

伊藤は若松を信頼していた。若松は伊藤が自分の話を常に傾聴していたことを在官中の名誉とした。

一九〇九年四月、元山より平壌《ピョンヤン》理事官への転任の辞令を受け、途中京城に立ち寄ったところ、偶然伊藤が帰国のためちょうど出発せんとする時であった。理事官同志による送別会が開催された。席上、伊藤は「平壌に行くのも経験になって良いではないか」と若松を慰労した。若松は仁川港に行って伊藤を見送った。香取艦上で別れを惜しんだ。これが伊藤とは最後の別れとなった。

日韓併合前夜の平壌理事官時代

平壌理事官として始めたのは、大同江《テドンカン》浚渫《しゅんせつ》工事への協力であった。税関当局者と協力して度支《たくし》部《ぶ》（財務省）当局の鈴木穆《ぼく》を動かした。鈴木は目賀田種太郎《めがたたねたろう》顧問の秘書を務めた人で、若松の理解者であったので事が順調に進展した。

平壌理事官時代に、韓国近代史において歴史的な事件として数えられる日韓併合への対応に行政の責任者として関わることになった。一九一〇年夏に日韓併合という大事件が発生した。平壌は韓国の中でも硬骨の人の多い土地柄である。場合によっては日韓併合という爆弾が仕掛けられれば、流血の事態が生じないとは限らない状況であった。若松は不幸な事態が起こらないように心を砕いた。

事の重大さを共有している親しくしていた米国長老会宣教師モフェットが吉善宙《キルソンジュ》牧師を紹介してくれた。吉善宙は韓国最初の改新教神学校の平壌神学校第一期卒業生で、韓国初の長老教牧師七人中の一人であった。キリスト教教育事業に関心を寄せ、平壌の崇実《スンシル》学校と崇悳《スントク》学校の経営にも参加した教育者でもある。また一九一九年の三・一独立運動の時は民族代表三三人中の一人として独立宣言文に署名した独立運動家としても知られていた人物であった。目が不自由な人であるが、韓国人の間で尊敬され、大きな影響力を持っていた人物である。

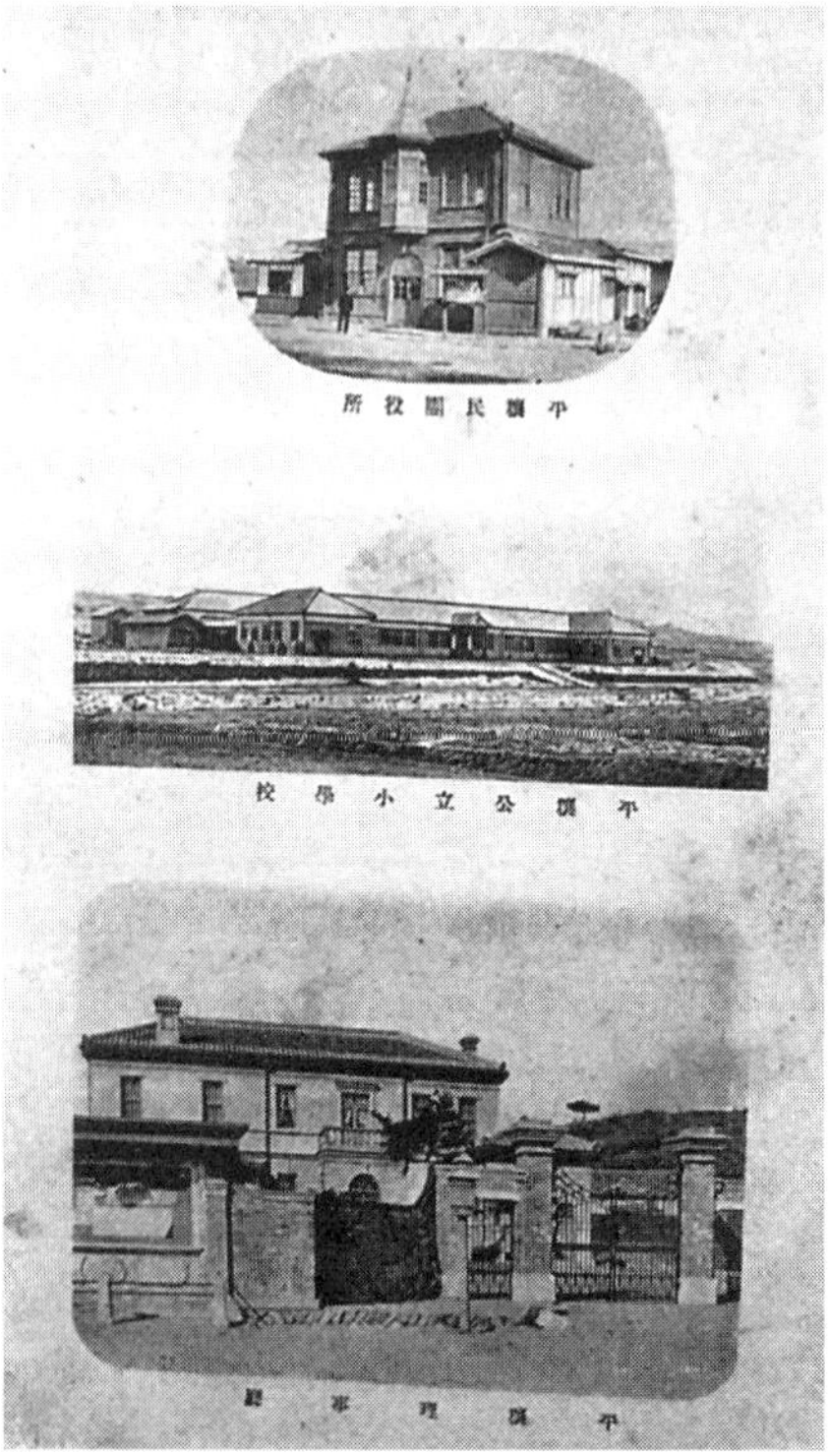

（上）平壌民団役所、（中）平壌公立小学校、（下）平壌理事庁

若松は吉善宙牧師を官邸に招き、通訳を交えて終夜対話した。吉牧師は初めの間は「韓国の国のなくなるのは私たちとしては姓のなくなるのと同じことである」と述べ、「私たちは自分の生命を省みる場合でない」とまで言われた。若松は真摯な態度で納得がいくまで

説明した。終わり頃になると、吉牧師は若松の意見を受け容れて翻然として「それでは私が平壌の土地に何事も起こさぬようにいたしましょう」と断言してくれた。若松の真意を理解し、受け容れてくれたのだ。若松は同志社在学中にキリスト教の洗礼を受け、同志社創立者新島襄《にいじまじょう》の下で「良心」「平等」「人類愛」など、キリスト教の思想と理念を学んだクリスチャンである。吉牧師との対話の中で、同志社時代の記憶が蘇り、理解できる部分が相当あった。対話の記録がないため、推測せざるを得ないが、若松は日本の官吏としてやれることに限界はあるだろうが、日韓両国の共生のために精いっぱい努力したいと胸の内を語ったに違いない。そうでないと当時の状況から察して吉牧師が納得するはずがないからである。若松は自分の意中を理解してくれた吉牧師に感謝の気持ちでいっぱいであった。

若松家五人の兄弟姉妹。前列左より逸、モミヂ、緑。後列左より齊子、篤世

若松はまた多数のキリスト教伝道師を理事庁に招待して説得に努めた。真心が通じ、努力の甲斐があって、日韓併合の時、平壌では平穏裡に終わった。若松はほっとした。自分の職責は難な

く果たし、併合は無事に進んだ。
しかし、若松の心境は複雑であった。当時の状況について若松は自叙伝『自己を語る』において次のように記した。

伊藤公去られて跡は元大蔵大臣であった副統監曾禰荒助《そねあらすけ》氏が統監を継がれ、明治四二年の暮、伊藤公はハルピンにおいて一韓人（安重根《アンジュングン》）に銃殺された後、廟議は朝鮮を併合する事に決し曾禰統監の手においてこれを実現する筈であった。然るに曾禰氏は病気になったので、寺内《てらうち》正毅《まさたけ》陸軍大将が統監を継がれ、四三年夏の終りに併合を実現し、一〇月に至って朝鮮総督府を創められ寺内氏が第一代の総督として就任された。

寺内正毅総督と衝突した釜山府尹時代

日韓併合に伴う行政の再編によって、一九一〇年一〇月一日、若松は統監府所属平壌理事庁理事官から総督府所属釜山府尹《ふいん》への転任を命ぜられた。府尹は現在の市長にあたるポストである。若松は文官高等試験外交科に合格した外務省のエリート官僚であったが、韓国統監府官吏から朝鮮総督府官吏に身分が変更され、釜山府尹（奏任官）として勤務することとなった。釜山理事庁が廃止されたことに伴い、釜山府が置かれることになり、従来の理事庁および旧韓国の地方行政機関であった東萊府《トンレ》の事務（船舶、戸籍、その他一部の事務を除き）を継承した。

釜山は開港以来、日本との貿易や交流の拡大により、日本人移住者が増加した。一九一〇年には二万二〇〇〇余名であった。朝鮮在住日本人の一〇％を超える人が釜山に居住していた。釜山居住日本人はことさら共同体意識が強かった。

表9－1　釜山府人口の推移　単位：人

年	朝鮮人	日本人	外国人	合　計
1910		21,928		
1911		25,252		
1912	23,062	26,586	231	49,878
1913	24,841	27,610	239	52,691
1914	26,652	28,254	187	55,094
1915	30,688	29,890	187	60,765
1916	32,846	28,012	189	61,047
1917	33,578	27,726	202	61,506
1918	35,463	27,895	209	63,567
1919	43,424	30,495	215	74,138
1920	40,532	33,085	238	73,855

出所：『釜山府勢要覧』大正13年

開港以来、専管居留地が設定され、釜山など開港場の日本人は治外法権を保持していた。一九〇六年の統監府設置後、居留民団法施行規則が公布され、日本人居留地に居留民団が設置された。それによって居留地日本人の自治行政が法的に保障された。その行政は他国領土内の行政であるため、植民地行政とは本質的に異なるものであった。

居留民団は行政組織としての自治団体という特徴を持っており、法律に依拠して設立された法人格の団体と見做された。釜山居留民団は選挙によって組織された議決機関であった。居留民団所属日本人たちは、居留民団を本国の市町村の役割を担う自治的地方行政機関として認識していた。

日韓併合によって朝鮮内の日本人居留地および日本人居留民団は事実上必要性がなくなった。併合に伴って、統監府は朝鮮総督府に再編され、地方制度の改編が重要課題となった。しかし、居留民団の役割など様々な問題があり、従来の道・府・郡体制の基本骨格はそのまま維持したが、首府であった京城《キョンソン》府を普通の府にし、京畿道《キョンギド》に所属させ、東萊府は釜山府に名称変更するなど一部の変更にとどめた。郡の長である郡守は朝鮮人を任命し、府の長である府尹は日本人を任命した。すべて官による任命制であり、道長官（知事）の管轄下に置かれた。

従来の府は開港場または開市場であったが、一九一〇年九月三〇日に公布された朝鮮総督府地方官制によって新たに編制された一二府は統監府時代に理事庁および日本居留民団が組織された地域であった。結果的に府行政業務は従前の朝鮮人対象の府行政業務と日本人対象の理事庁業務を統合したものとなった。

総督府による府制実施とそれに伴う居留民団制の解体は釜山居留民社会では批判的な意見が多かった。理由は、府制が従前の民団制において行使していた自治権を保障していないことへの不満であった。また、府制の実施によって日本人と朝鮮人が法律的には同等な行政体系になることに対する強い拒否感があった。背後には人種的な差別意識が存在していたことも見逃せない事実である。

総督政治開始後、寺内正毅総督は若松兎三郎に対して地方制度改正に関する意見を提出するように命じた。若松はかねてから抱いていた地方自治の理念を念頭に、朝鮮の実情に即した改正案を用意して寺内総督に提出した。一方、総督府当局が作成したトップダウン形式の官治的改正案が出て

釜山府尹時代の記念切手（左は豊永農学博士、右は若松釜山府尹）

きた。二つの案が相対立する形となった。結局、寺内総督は若松案を採用せず当局案を採用した。対立点の一つは学校組合令に関する問題であった。これは自然な成り行きの決着であった。若松が青年時代から養われた文治主義と寺内総督の軍治主義とは相容れなかった。若松の人道主義的な発想は通用しなかった。

釜山府政実施によって従来の理事庁および東莱府の事務を継承した。それに基づき、従来の日本人居留民団の財産は釜山府に継承された。しかし、学校組合令の制定によって、従来の日本人居留民団が所有していた財産のうち、受益性があり、実利的な財産は日本人学校組合に移管し、受益性のない財産は釜山府が継承したため、負債の大部分は朝鮮人が負担することとなった。これは釜山だけでなく、全国的な状況であった。学校組合は在朝鮮日本人のための特殊な教育行政機関であった。

日本人居留民団を代表する人たちの利己主義的な主張を受け入れることはできないにしても、住民の意思を反映しない統治制度で、上からの目線で統治しようとする植民地政策には威圧感があった。若松は総督府官吏として与えられた職務を忠実に果たさなければならない立場と住民の意思を吸い上げ代弁する立場の間で板挟みとなった。

若松は総督政治の下で異分子的な立場に置かれた。釜山時代は与えられた職務を忠実に務めるだけの日々であった。若松自身が語ったように、寺内総督との政策上の衝突もあって、働く意欲をなくしたというべきか、それとも権限と仕事を与えてもらえなかったというべきか、確実なことはわからない。領事時代にはあれだけ朝鮮半島の産業発展に意欲を燃やしていた若松が、釜山時代には目立った活躍は見当たらず、同じポストに九年間塩漬けにされた事実だけが残っている。

第一〇章　仁川米豆取引所社長就任

総督府から仁川米豆取引所社長就任要請

一九一九年五月、総督府農商工部当局より若松兎三郎《わかまつとさぶろう》に、仁川《インチョン》米豆取引所社長就任の勧告があった。同時に小原新三《こはらしんぞう》農商工部長官より書簡が届いた。株式会社仁川米豆取引所の再興のために同社社長を官より指名することになったので、若松に就任を勧誘する内容であった。現代流でいえば、肩叩き式一種の天下り人事と言えそうだ。若松は取引所の仕事に興味があったわけではなかったが、釜山府尹《プサンふいん》として潮時と考え、諸般の事情を勘案して引き受けた。

仁川取引所は領事館時代仁川駐在領事によって許可された朝鮮唯一の取引所である。総督府としても既得権として認められていたが、前社長が自ら相場に手を出し、資本金四万五〇〇〇円の会社が一八〇余万円の赤字を出して倒産した。一民間会社のことではあるが、地方経済に多大な影響を及ぼしかねず、総督府としては朝鮮の米穀価格を正当に維持するには取引所による公平な相場を定める必要があるとして、すでに倒産している会社に対して手数料を倍額に増加する特典を与える代わりに、社長を官により指名して再建に取り組みたいという姿勢であった。

そこで適任者を物色したところ、朝鮮産業の事情に精通し、人間関係も円満な若松兎三郎が適任者として推薦された。総督も寺内正毅《てらうちまさたけ》総督から長谷川好通《よしみち》総督に交代し、政策が変わったわけではないが、民間会社なのでいくらか融通が利くだろうと考え、若松は引き受けた。

仁川米豆取引所の存否が仁川港の消長に及ぼす影響が甚大であることから、復活の必要性を認める京城《キョンソン》および仁川地方の有力者が立ち上がり、総督府当局、殊に農商工部長官小原新三、同商工課長生田清三郎《いくたせいざぶろう》、仁川府尹楠野俊成《くすのしゅんせい》などに支援を要請し、同年四月、資本金を一〇〇万円に増加すると同時に、営業年限を一九二九年五月まで延長するなどの認可が下りた。再建に際し、釜山府尹若松兎三郎が取締役社長に迎えられた。

若松兎三郎に白羽の矢が立てられたのは、若松の理解者であり、後見役でもあった木内重四郎《きうちじゅうしろう》の農商工部長官時代に書記官を務めていた生田清三郎の強力な推薦があった。生田は木内が若松を信頼し、安心して仕事を任せていたことを傍で見ていて、若松なら、困難な時期の仁川取引所を必ず建て直してくれると信じ、推薦した人事であった。

若松は引き受けた以上、誠心誠意任務に勤め、一日も早く会社を再建しなければならないと覚悟を決め、釜山を離れて新任地仁川に向かった。

仁川米豆取引所再建に尽くす

一九一九年五月二四日に開催された臨時株主総会において役員改選が行われ、若松兎三郎が取締役社長に選任された。また取締役および監査役も新しく選任し、役員総入れ替えの新体制となった。役員だけでなく、支配人以下職員も大部分新しくなった。取引所の事情を知らない新体制が業務の運営をうまくやれるのかと憂慮する声もあった。

実際に取引所運営の舵取りをする社長若松兎三郎は外交官として米国や中国勤務経験があり、朝鮮では木浦《モッポ》領事・理事官、元山《ウォンサン》理事官、平壌《ピョンヤン》理事官、釜山府尹を務めた経験豊かな行政官ではあったが、経営に携わった経験は全くない。総督府の推薦により釜山府尹を退官して就任したばかりで、取引所に関する知識や経験は皆無である。支配人となった荒木綱太《こうた》は十八銀行に長く勤め、元山支店長を定年退職した人であり、営業課長秋山満夫《みつお》も外部から採用した人であった。素人集団の執行部であった。このように新執行部は懸念を抱えてのスタートであった。

同年六月二日、新体制のもとで市場立会《たちあい》が開始された。時の運もあって、第一次世界大戦の影響を受け、物価の騰貴に伴い、米価が高騰する波乱相場が続いた。多い時は一日の売買高が一〇〇万

若松家の家族写真、兎三郎・里う夫妻と二男六女の子供たちと孫二人。1920年代仁川米豆取引所社長時代

石に達することもあり、少なくとも二〇万石を下らなかった。米穀相場の急上昇によって仁川取引所が復活してからわずか一年半の間に、一八〇余万円の欠損を補填し、株主に対しては年率六割、多い時は七割五分の配当があった。その上八〇余万円の積立ができ、半期毎の利益が五〇万円を超えるようになった。経済環境に恵まれて取引所の運営は順調な滑り出しであった。

一九一〇年一二月に制定された会社令によって、会社の設立は朝鮮総督の許可を受けなければならず、さらに一九二一年四月に制定された朝鮮取引所税令により、役員選任などすべての重要事項は総督の認可が必要となった。取引所は総督府の管理下に置かれた。

取引高の増加に伴う取引規模の拡大による措置として一九二二年一月二九日、臨時株主総会を開き、資本金三〇〇万円に引き上げることを決議し、二月二〇日、総督より認可を得た。

倒産の危機に直面していた仁川取引所としては、外部的な経済要因に恵まれたこともあって、財政上の健全化を実現し、基礎固めができた。しかし、それは一時的なものにすぎなかった。一九二〇年三月を頂点として取引量の減少とともに、一九二一年より日本国内において米穀法が施行され、日本政府が豊富な資金を放出して需給調節に乗り出したため、米価の変動幅が小さくなり、相場の急激な変動は起こらなかった。一時二九人いた取引員が九人に減少するほど営業は困難な状況であった。

売買高は一九一九年下期には五二〇〇万石あったが、一九二〇年上期には四七六〇万石に減少し、同下期には二三〇七万石に激減した。年間売買高は一九二〇年七〇〇〇万石を超えたが、一九二五年には一六四七万石に減少した。主要財源である売買手数料は、一九二〇年には一一七万円であったが、一九二五年には二五万円に達せず、その翌年には一八万円を切った。何の見通しもなく、資産の食いつぶしで維持しなければならなかった。この営業成績から見ても抜本的な改革を必要とした。

仁川取引所株主の間で仁川取引所の京城移転問題が提起された。朝鮮で取引所が一か所しかない現状では、政治、経済、交通、金融の中心地たる京城に取引所を置いた方が合理的であり、理想的であるという意見が支配的であった。現に、取引所の売買高の八割は京城からの注文であったことがそれを立証した。これに反対する意見も少数ではあったが存在した。取引所の認可は土地に重きを置くことになるから、移転は仁川取引所を解散し、京城に新設する結果を招くので、地元仁川住民は反対という論理であった。

仁川米豆取引所と京城株式市場の合併問題

一九二四年七月、水野練太郎《れんたろう》に代わって政務総監に就任した下岡忠治《しもおかちゅうじ》が産米増殖計画を立てるとともに、京城に米穀取引所を設置するという計画を打ち出した。それを受けて水面下で合併問題に関する意見調整が始まった。

このような動きを察した京城株式市場社長天日常次郎《てんにちつねじろう》と仁川米豆取引所社長若松兎三郎は、京城商工会議所会頭渡邊定一郎《さだいちろう》をはじめ、有力経済人たちと相談し、下岡政務総監の意向を踏まえた上、一九二六年六月四日、両トップによる合併に関する覚書を作成した。

合併目的は、両社の経営を共通にし、京城に株式市場、仁川に米穀市場を経営する。合併方法は、京城株式市場を解散し、仁川取引所に増資する。増加株式は京城取引市場の株主に交付するという内容であった。

覚書に基づいて、両社長は重役会を開き、全員一致の承認を取り付けた上、若松は六月七日、横田克己《かつみ》仁川府尹並びに後藤廉平《れんぺい》朝鮮毎日新聞社長を訪ね、覚書を示しながら、合併問題について説明した。仁川取引所に京城取引所を吸収合併し、仁川が本店で米穀市場を経営し、京城支店で株式の定期取引を行うことになるので、仁川の地方経済には悪影響を及ぼさないと了解を求めた。若松は池田秀雄《ひでお》殖産局長を訪問し市場移転は考えないと了解を求めた時、池田局長がいっそのこと京城に移したらどうかと言ったのに対し若松は青くなって、「移転などとは以てのほか、もしそんなことでもいい出そうものなら、大変なことになります」と言って引き下がったことがある。この意味において若松の存在は仁川府民にとって実に有難いものだったという評価がある（鳥栖忠安『仁取盛衰記』）。

後藤社長の呼びかけで、仁川の有志が仁川商工会議所に集合して協議した結果、合併は移転の前提であるから、極力阻止せねばならないと評決した。七月一〇日、仁川府民大会が開催され、合併反対決議が行われるなど、反対運動は益々激しくなった。反対側は町総代や青年団まで動員して運動を盛り上げた。株主側は合併に賛成する意見が強かったが、仁川住民側は反対意見が強い構図であった。

若松社長としては、抗争が激しくなるのを避けるために、しばらく合併総会を見合わせ、仁川側の了解を得られるよう努めた。一方、合併賛成の株主や取引員からは、不法な反対運動に躊躇せず、株主多数の意思を尊重し、総会を開いて決議して作業を進めるべきであると催促された。

そのような状況の中で、総督府商工課長安達房次郎《あだちふさじろう》より若松社長に、総督府は取引所制度の確立に着手することに決したと告げられた。その前提として、仁川米豆取引所と京城証券取引市場の合併を必要とする。よって、証券市場の当事者と両者合併の条件を協定し、株主総会を開催して決議するようにと勧告された。

若松社長は、総督府当局の方針に従うべきものとして手続きを進めることにした。一九二七年三月三一日、京城取引所は午前中、仁川取引所は午後から臨時株主総会を開いて合併案件を附した。京城取引所は多少の異論があったけれども、無難に通過した。仁川取引所は不穏な空気が漂っていたので、警察官憲が万一の事態に備えて、出席株主の身体検査をし、会場取り締まりのため三〇数名、屋外警戒のため七〇余名の警察官が配置され、消防車まで用意された物々しさであった。午後四時半に臨時総会が開会した。反対派は初めから議事妨害の態度に出たので、若松社長が議長席に就き、提案理由を説明したが、騒然となり、また賛否株主間に論争を醸し、暴力沙汰にも及んだ。雰囲気が険しくなると、若松議長は六時五〇分に休会宣言した。屋外の民衆の中にも投石その他不穏の行動をする者があり、数名の検挙者が出る始末であった。このような状況では深夜に及び何が起こるかわからないと判断し、休会のまま閉会にした。

若松社長としては当局の方針に従って合併に必要な手続きを進めていたが、仁川の一般市民たちは仁川取引所の京城移転は仁川の繁栄上、不利として干渉し、遂には仁川地方裁判所に民事訴訟事件として提訴した。それを受けて、若松社長は仁川米豆取引所の株主総会の中止命令を発した。

事ここまで至ったので、若松は社長辞任を申し出て株主の了解を得た。しかし総督府においては若松の辞任を惜しみ、殖産局長池田秀雄は若松を総督府に招き、辞任を思いとどまるよう説得した。若松は再び社長を引き受ける気持ちにはなれないと固辞した。

第一一章　帰国後、母校同志社大学に奉職

第二の故郷朝鮮を離れて京都に帰る

一九〇二年七月、木浦《モッポ》領事に着任してから二五年、一八九六年三月から一年間の京城《キョンソン》公使館勤務を合わせると、若松兎三郎《わかまつとさぶろう》は二六年間朝鮮で勤務した。振り返ると人生の最も働き盛りの時期に朝鮮で働き、暮らした。京城を振り出しに、木浦、元山《ウォンサン》、平壌《ピョンヤン》、釜山《プサン》、仁川《インチョン》という主要都市において、日本による植民地支配という状況の中で外交官としてまたは高級官吏として働いた。

外交官としての勤務が朝鮮との縁の始まりであったが、これは若松にとっては運命のようなものであった。朝鮮の古い伝統文化を愛し、人間はみんな平等であるという信念のもとで共生のために

帰国後に居を構えた京都浄土寺馬場町の家（当時のまま）

産業開発に尽力した。いざ朝鮮を離れようとすると、様々な思いが錯綜した。

若松兎三郎は妻・里《り》うとの間に、三男七女の一〇人の子宝を授かった。うち次女は七歳の時、チフスに罹《かか》り夭死《ようし》し、三男は生後すぐに亡くなった。長女・篤世《あつよ》は京都舞鶴で生まれたが、他の子供は朝鮮で生まれ、朝鮮で育った。子供たちにとって朝鮮は生まれ故郷である。一年または二年間隔で子供が生まれたので、母親の母乳だけでは足りず、乳母の乳を飲んで育った子もいた。乳母は朝鮮の婦人だったこともある。

若松は生まれ故郷である大分県玖珠《くす》町《まち》森への帰郷を考え、住宅を新築するほど故郷への思いが強かった。しかし、子供たちの教育環境などを考え、妻・里うの実家が京都・舞鶴にあることから、生活にも慣れていた京都に子供たちを連れて帰った。

大勢の子供たちを連れて第二の故郷朝鮮を後にして一九二七年に京都に帰った。三年間は下鴨上河原町に住居を構え、京都で退職後の新しい生活を始めた。大家族であったため、一九三〇年五月に真如堂・真正極楽寺から左京区浄土寺馬場町の土地約一〇〇坪を借地し家を建てた。

家は田んぼに囲まれた閑散とした地域であった。日々の生活は子供たち中心であったが、庭の植木を手入れすることが何よりも楽しみであった。柿の木、無花果《いちじく》の木、スモモの木、リンゴの木など、朝鮮での懐かしい思い出の多い果樹ばかりである。また畑に野菜を作るなど農作業も楽しんだ。晩年にはまるで農家のお爺さんというイメージであったと孫たちは話した。

京都では恩給生活であったが、子供たちを中心に悠々自適の暮らしであった。遺族によれば、恩給金額が京都府知事の給料並みであった。生活費には充分であった。

同志社大学校友会会長として活躍する

時間的に余裕ができた若松兎三郎は母校同志社大学に出入りしているうちに、同志社校友会会長石川芳次郎《よしじろう》に誘われ、一九二九年から校友会副会長として石川会長を補佐した。そして一九三八年五月、石川会長任期満了に伴う後任会長に選任され、第一七代校友会会長として一九四七年三月まで校友会運営に携わった。その間、同志社大学常任理事を務める一方、牧野虎治《まきのとらじ》総長より教務部長事務嘱託を要請され、牧野総長を補佐した。

会長在任中に右眼が急性網膜剥離《もうまくはくり》に罹り京大病院に入院して大きな手術を受けた。若松の左眼は

同志社大学校友会長時代の若松兎三郎

生来視力がほとんどなかったうえ、右眼に大手術を受けたので、活動は制限せざるを得なかった。そのために会長職辞任を申し出たが、戦時・戦後の困難な時期であったので、引き受け手がなく会長職を続けた。しかし、引き受けた以上、疎かにするわけにはいかない。若松の性分であった。

　一九四〇年六月から同志社大学文学部再編をめぐって文学部教授会が荒れていた時、教務部長兼常務理事として文学部長に対し、文学部の赤字を問題にし、講義数が多すぎるとして整理するように迫った。文学部教授会自らが策を立てないなら、自分が手を下し、処理すると申し入れた。若松教務部長としては、既存の神学科、英文科、哲学科のうち、神学科は残し、英文科と哲学科を合併するのが望ましいと考えた。反対意見が強かったが、文化学科という名称で両学科が合併する方向でまとまった。

　若松は校友会会長の時、学生時代から尊敬した恩師で同志社社長（現在の総長）を務めた下村孝《しもむらこう》太郎《たろう》先生の追憶会を開催し、記念事業として『下村先生追憶録』を刊行した。若松は編集後記に次のように書いた。

私は、下村先生が米国留学より御帰朝に成った直後、同志社において一年間、先生より物理および化学の教を受けました。その時印象つけられた先生の煥発せる英気、烈々たる熱誠、強い意思、け高い気性、それ等が一つになって、先生に対する敬慕の念として、心の底に残されたのである。

一九四〇年は同志社創立者新島襄《にいじまじょう》が亡くなってから五〇年経過した記念すべき年であった。若松は校友会会長として五〇周年記念事業を企画した。熱海の別荘で静養中の大先輩の徳富蘇峰《とくとみそほう》に新島襄五〇年忌に際し、記念事業を企画しているが、先輩のご意見を伺いたいと書簡を送ったら、直ちに返信が届いた。校友会会長若松は牧野虎治総長とともに熱海の別荘を訪問し、相談した結果、新島襄の遺品展覧会および記念講演会を東京で開催することとなった。これは徳富翁の発意によるもので、自らも進んで講師として演壇に立つことを約束された。

日本橋高島屋楼上で開催された遺品展覧会には多数の参観者があったばかりでなく、東久邇宮《ひがしくにみや》殿下のご来臨を賜り、また日比谷公会堂において開催された徳富蘇峰と永井柳太郎《りゅうたろう》の講演会も盛会であった。

併せて、『新島先生記念集』および『新島先生書簡集』が同志社校友会から刊行された。『新島先生記念集』には、特に、徳富蘇峰、浮田和民《うきたかずたみ》、安部磯雄《いそお》、深井英五《えいご》等の同志社出身の著名人の原稿

徳富蘇峰熱海別荘訪問、左から若松兎三郎同志社大学校友会長、徳富蘇峰、牧野虎治同志社大学総長

を揃えた。若松は校友会会長として編集後記を書き、また、『新島先生記念集』に「先生の至情」と題して恩師新島襄との思い出話を紹介した。

明治二一年の夏なりしかと思ふ。或る日曜日の朝、私は私の恩人田中源太郎《げんたろう》さんを訪問したとき、田中さんは、近日北海道に旅行する筈であるから、新島先生をお訪ねして何か御用はないか伺って来いと、私に命ぜられた。そこで私は早速其の足で先生を訪問して、其旨を御伝えした。すると、先生は何にも用事は無いが、上って話をして行けとの仰せであった。私は大に欣《よろこ》んで、先生の応接間に通り、先生と対話し、米国の事情等に就《つい》て伺ったのである。次《つい》で先生は昼飯をたべて行くようにと云はれた。

私は無遠慮であったが、其の仰せに従った。其際は先生と奥さんが対席され、私は先生の右に座を与へられ、生来始めてのコールド・ロースト・ビーフの御馳走に与《あず》かった。その時の印象は先生のまことに物静かな、温籍其のものであり、そふして其静かな中にも、云ひ知れぬ温かみを含んだ御風刺に接して、春風裡に在りながら粛然たらしめられた感であって、何時迄も忘れることを得ない。

若松兎三郎は同志社で学んだことを誇りにし、このことは終生忘れることなく、晩年少しでも大学の発展のために役立ちたいという思いから、同志社大学の経営に参加し、尽力した。同志社を愛する生粋の同志社人であった。

第一二章　在日朝鮮人の人権擁護と教会建設に協力

在日朝鮮人の人権擁護に尽力

戦時中、在日朝鮮人は警察官に圧迫されて進退の自由を失っていた。所用があり、一時的に朝鮮に帰った人が、日本に家族が残っていても再び日本に戻ることは許されなかった。多くの朝鮮人が若松兎三郎《わかまつとさぶろう》をたずね、官憲に取り成してくれるよう依頼した。若松は人道上のこととして、知事や警察部長、処々の警察署に出頭し、事情を説明して再来日できるように取り計らった。

当時、在日朝鮮人渡航管理制度があり、「内鮮一体」と言いながら、日本に来ている朝鮮人は故郷への自由往来が事実上制限されていた。「一時帰鮮証明」を警察当局が交付した。一時帰鮮証明は支障なしと認められるものに限り、就業地所轄警察において発行された。交付の手続きは帰国前の雇用主の下において同一職業に従事することを宣誓し、雇用主連署の上、就業地所轄警察署に写真二枚を添付して申請する仕組みであった。再来日の期限は一か月以内（のちに二か月に延長）であった。

何かの事情で所用を期限内に済まされず、「一時帰鮮証明」の期限が切れてしまうと、再来日できなくなるケースが多くあった。生計を共にする家族が日本に残っていても容赦なく、残された家族は途方に暮れてしまった。一時帰鮮証明申請の条件が厳しく、相当な経済力があっても交付されず、雇用主が朝鮮人の場合は取得が困難であった。

この制度に関して、朝鮮総督より拓務大臣宛「朝鮮人の内地渡航制限に関する件」（一九三八年三月二三日）の書簡で「内鮮一体の政策実現上一大障害となりつつある」と指摘された。

この事情について『中外日報』（一九三七年一月八日付）は、〝朝鮮人同胞のため奮闘　東亜博愛会若松兎三郎氏〟という見出しで、次のように報じた。

最近日本国内在住の朝鮮同胞に対する当局の取り扱いが相当厳重となり、昨年来朝鮮へ送還された数も相当な数に上っているが、朝鮮ナザレン教会の崔京允《チョイキョンユン》牧師もその一人で、これは朝鮮人独立運動のためであるといわれているが、一朝鮮人のそのために受ける不便は可哀相なものがあるという。このことについて一昨年より東亜博愛会を京都に組織して朝鮮同胞の精神的向上と指導に当り一方彼らと警察当局との間に立っていろいろ便宜をはかり、彼らのために奮闘している若松兎三郎氏を訪問した。若松氏は、あまり大きな仕事はできませんが、現在百数十名の朝鮮人の会員を持っています。全く彼らの立場に立って見れば可哀相な事が多々あります。親のために帰るような場合はすぐ許可されますが、こちらへ来る時には非常な不便があって、目下そのために交渉してやるのでなかなか多忙ですと語った。

人道主義思想が身についていた若松は、自分の故郷を自由に往来できないのは間違っていると認識し、困っている在日朝鮮人たちの相談相手となり、知事や警察部長に面談して善処するよう要望した。

朝鮮人教会建設への協力とアービン宣教師

京都西院《さいいん》に米国宣教師アービン夫人（Mrs. Bertha K. Irvin）の寄付で建設した朝鮮人教会があった。その教会を警察署が朝鮮人教徒による使用を許可しなかった。朝鮮人キリスト教信者たちの依頼を受け、若松兎三郎は知事や警察部長に使用許可を要請した。その際、京都府警特高課朝鮮人係が若松に向かって、「あまりその問題にかかわることは貴下のためにならないからやめた方がいい」と勧告された。

現在の京都韓国教会

アービン夫人は、同志社大学音楽教授をしながら宣教活動をしていた。大韓基督教京都教会に出席した時、朝鮮人信者たちが献金を集めて教会敷地を購入したと聞いて感銘を受けた。また、信者たちの祈禱に感銘し、数日間、神様に祈り、在日朝鮮人の安息の場所をつくり、彼らが安心して礼拝できるようにすることが自分の任務であるとの啓示を受けた。アービン夫人は離婚の時もらった慰謝料全額を教会建築献金として神様に捧げた。それは彼女が生きていくのに必要な生活資金であった。しかし、アービン夫人は神様からいただいたものなので、神様が必要としている教会建築献金としてお返ししますと自らを慰労した。

自分を宣教師として派遣した米国長老会宣教本部に書簡を送り、また通っていた教会や親族にも、朝鮮において生活基盤を奪われ生きるために渡日した朝鮮人たちの状況を説明した。事情を知った米国の教会や親族たちが教会建設費を集めて送ってくれた。

アービン夫人は米国からの教会建築献金を教会に渡した。

担当の崔敬学《チョイキョンハク》牧師は「アービン宣教師が一万五〇〇〇円を教会建築のために献金した」と教会の信者たちに報告した。

京都朝鮮人教会の信者たちが立ち上がった。外国人宣教師、それも女性が巨額の建築献金を捧げたことに感動し進んで金を集め、日曜日の礼拝が終わると工事を手伝った。毎日のように工事現場に顔を出していたアービン夫人は天使のように見えた。

現在の京都韓国教会には、アービン宣教師を祈念する記念石がある。教会の定礎に「IRVIN CHAPEL FOR KOREANS 1935 A.D.」と刻まれている。

戦時中、国民すべてが戦争に巻き込まれ、言論の自由や良心の自由が奪われていた時期であることを考えると、このような時代にも若松兎三郎のようなグローバルマインドを持った勇気ある日本の知識人がいたことは一粒の良心として記憶に留めるに値する。

第一三章　余生は家族と共に

若松家の人々との出会い

二〇一三年暮れに古家を買って内装・修繕したら、屋根裏から「施主若松兎三郎《わかまつとさぶろう》　昭和五年」と書かれた棟札が出てきたというメールが届いた。米国籍の京都国立博物館国際交流担当フェローのリンネ・マリサさんからのメールであった。

若松兎三郎に関する資料を保管しているはずの遺族に辿りつけず、途方に暮れていた時、思いもよらぬ知らせであった。同時に、京都で画廊を経営している星野桂三《けいぞう》氏のご厚意により直系子孫にも連絡が取れるようになった。一気に話が進み、若松兎三郎の足跡を求めて、金閣寺近くの若松兎

旧若松邸で現所有者岡田家御家族と兎三郎のお孫さんたちと。左から著者、木村由美子、若松正身、リンネ・マリサ、岡田麻里衣、岡田智之、若松満美

三郎の旧邸宅、現在、リンネ・マリサさんが居住している邸宅を訪問した。その家で育ち、五〇年前に引っ越したというお孫さんたちも合流して初顔合わせとなった。

この時の直系子孫との出会いが若松兎三郎研究を進める上で重要な契機となった。

直系子孫の若松正身《まさみ》から長い間探していた若松兎三郎の自叙伝『自己を語る』を手渡された。『自己を語る』は兎三郎が亡くなる三年前の一九五〇年に作成され、家族だけに配布された。また、若松兎三郎関連の資料や貴重な家族写真なども入手した。これらの資料は若松兎三郎研究には欠かせない基本資料である。これらの資料が入手できなかったら、恐らく若松兎三郎の偉業は埋もれたままになって、歴史から消えていたに違いない。この時の出会いが契機となって、他のお孫さんたちにも連絡が取れるようになり、インタビューが進み、関連資料の提供を

若松兎三郎の家族

	子の世代	孫の世代
父：若松兎三郎 母：若松里う	長女：川村篤世 夫　：川村建雄	長男：川村健一郎／妻：重子 次男　川村雄二郎／妻：信子
	次女：若松齊子	
	三女：岡本　緑 夫　：岡本神草	
	四女：高須モミヂ 夫　：高須正夫	長女：石割怜子／夫：隆太郎 長男：高須俊明／妻：志津 次男：高須健次／妻：京子
	長男：若松　逸 妻　：保子	長男：若松正身／妻：満美 長女：池田道子
	次男：若松志廣 妻　：多美	長女：本城久子／夫：正彦 長男：若松道廣／妻：知子 次女：若松鏡子 三女：若松洋子 四女：今尾広子／夫：喜久義 五女：田中由利子／夫：順一
	五女：山名昇子 夫　：山名重文	長男：山名重久 長女：林三矢子／夫：衛 次女：木村由美子／夫：晃造
	六女：絲屋高子 夫　：絲屋寿雄	
	三男：若松鞏造	
	七女　島田和恵 夫　島田正二	長女：前田輝子／夫：暢一 次女：田村和香／夫：又夫

受けられるようになった。

七月の真夏の日、歴史的な由緒ある邸宅に新旧居住者と研究者が一堂に集まる珍しい出会いであった。リンネさんは日本人の御主人と愛娘の三人暮らしで、建築して八二年経過した古家を買い、様々に手を入れて居住している。リンネさんは日本人以上に日本文化を愛する研究者である。その日は近くの真如堂の一角にある若松家の墓地にも墓参した。

長女・篤世への愛情

若松兎三郎は子供たちの教育には非常に熱心であった。すべての子女に高等教育を受けさせた。自分の子女だけでなく、甥や孫にも教育に必要な学費の援助は惜しまなかった。家庭環境に恵まれていない孫たちを呼び寄せ同居させ、英語や国語などを教えるなど英才教育を施した。孫たちの教育が隠居後の楽しみであった。そのために親に不幸なことが起こっても一族の子供たちは兎三郎の財政的な支援および指導により高等教育を受けられ自立の土台を作り、困難極まる戦時および終戦直後においても生計維持が可能であった。また、それが一族が栄えるようになった大きな要因であった。

長女・篤世《あつよ》は京都舞鶴の母の実家で生まれた。木浦《モッポ》領事赴任時に父母と一緒に朝鮮半島に渡った。七歳までは木浦で暮らし、父親の転勤で元山《ウォンサン》・平壌《ピョンヤン》・釜山《プサン》に移動した。若松兎三郎が釜山府尹《ふいん》時代に篤世は銀行員であった川村建雄《たてお》と結婚し、二人の男の子が生まれた。夫・川村が早死したので、兎三郎は不幸な篤世の子供たちを呼び寄せて同居させ、篤世には茶道教師として身を立てさせた。茶道教師であった田中源《げん》太郎《たろう》氏の令嬢のもとで師範代として仕えながら生計を立て、子供二人を育て上げた。兎三郎から学費の援助を受けて、長男・健一郎は京都府立一中を卒業し、旧制山口高校を経て、京都大学法学部に進学した。卒業後、日本特殊製鋼に勤務した。次男・雄二郎は京都府立一中、名古屋高等工業学校を卒業し、東洋道路に入り、工事部長を勤めた。

若松兎三郎・里う夫妻と長女・篤世、次女・齊子

兎三郎は長女・篤世には父親としてことのほか愛情を注いだ。小さい時からピアノなど習い事をさせるなど、他の子供とは違う扱いをした。篤世は最初の子でもあったので特別に可愛かったのである。

自叙伝『自己を語る』をまとめる際、兎三郎は目が不自由なため、自ら執筆できず、口述して長女・篤世に筆記させた。そもそもこの自叙伝は、篤世の長男健一郎（初孫）が結婚することになり、その際、若松家の素性を明らかにしておく必要があるからと作ったのである。

なお、次女・齊子《さいこ》は木浦で生まれたが、平壌でチフスに罹り、七歳でこの世を去った。

三女・緑と画家岡本神草の夭折

三女・緑は、木浦領事勤務時の一九〇五年に木浦で生まれた。仁川女学校を卒業して日本女子大学家政科に進学した。美人で、頭が良く、成績も良い自慢の子であった。仁川女学校時代には全朝鮮テニス大会チャンピオンの腕前であった。美・文・武を備える優秀な娘であった。

緑は日本女子大学で松本亦太郎《またたろう》教授の美学講義を聴くうちに、画家を志すようになった。大学卒業後、京都に戻り、松本教授の紹介で菊池契月《きくちけいげつ》画塾に入門した。画家をめざし、年に一度開催される菊池塾展にも出品した。最初の出品作は妹高子をモデルに描いた《壺を持つ女》であった。

そのうち、画塾の先輩画家岡本神草《しんそう》と交際が始まった。二人は恋仲となり、結婚話が進行したが、岡本神草は既婚者であったため、若松家は全員結婚に反対した。しかし、愛娘の頼みには弱い兎三郎は結局しかるべき法的手続きを済ませた上で結婚を許した。そして二人のためにアトリエ付住居を建てて与えた。

一九三一年八月、家族の反対の中で、岡本神草と若松緑は挙式を挙げた。神草三七歳、緑二六歳であった。緑はその後肺結核に罹り、病弱であったため、実家に戻り養生していた。

岡本神草は一九三二年一〇月、第一三回帝展に《婦女遊戯》を出品して入選した。《婦女遊戯》は一九三三年の朝日新聞社カレンダーに採用され、また帝国ホテルのクリスマスカードにもなった。しかし、人気が出始めた矢先の一九三三年二月、神草は脳溢血のため急逝した。三八歳であった。そして緑はそのあとを追うように、六か月後、二八歳で病没した。

若松緑作《壺を持つ女》(京都国立近代美術館所蔵)

二人の早死を最も悲しんだのは兎三郎であった。神草と緑の墓を真如堂の若松家墓地の一角に建てた。神草のアトリエは処分し作品は若松家に引き取られた。

岡本神草は画壇では完全に忘れられていたが、一九八五年秋、作品《拳の舞妓》が六五年ぶりに京都の美術品交換会に出品されたのをきっかけに、その作品が再評価され始めた。

交換会の競りが始まり、神草の《拳の舞妓》が紹介されると、数人から「あっ、出

岡本神草と若松緑

たっ！」という声が上がった。《拳の舞妓》は、舞妓がじゃんけん遊びに興じる特徴のあるモチーフのため、京都の画商なら誰でも記憶に残っていた。大正期の作品を主として扱う画廊経営者星野桂三氏は「これだ」と思い、真っ先に手を上げた。数人の美術商が「いっぽん！」と声をかけてきた。「一本」とは、競りでの意地の張り合いを止めて、ある程度の競り値になると、競り合うのを止め、抽選で決着を付けることを意味する。抽選に当たった業者は外れた業者たちにいくらかの金額を支払う仕組みだ。これを利付というが、利付を当てにして「一本」に参加する人も結構いる。本当に欲しい業者に作品が渡るとは限らない。

結局、六人が「一本」に参加し、星野氏は抽選から外れてしまった。がっかりして肩を落としていた時、老舗の美術店の社長が「あの作品

岡本神草作《拳を打てる三人の舞妓》（京都国立近代美術館所蔵）

はあんたのところの方が生きるさかいな。わしにまかしとき」と慰めてくれた。その社長の計らいで、二か月後、《拳の舞妓》は星野画廊に届いた。

この《拳の舞妓》は岡本神草が一九二〇年の第三回国画創作協会展に出品した《拳を打てる三人の舞妓の習作》と同一であることがその後の調査で確認された。

一九八六年秋、京都国立近代美術館の新装開館記念展「京都の日本画１９１０〜１９３０」のポスターと記念図録の表紙絵に岡本神草の《拳の舞妓》が採用され、評判となった。この事実を伝え聞いた岡本緑の妹の絲屋高子が星野画廊を訪問し、岡本神草の遺品があるという情報を提供した。

帝展入選作《婦女遊戯》は大きすぎて買い手がつかず、若松家が引き取ったものの、家

岡本神草作「挙の舞妓」:「京都の日本画1910～1930年」ポスター

の中に入れることは不可能であったので、家の裏の軒先に油紙に包んで吊るして保管していた。これを知った兎三郎の長男・逸《いつ》は大学時代の友人である朝日新聞記者（のちの社長）広岡知男に朝日新聞カレンダーに採用された縁もあって購入を依頼した。広岡は絵が大きすぎて朝日新聞社にも飾る場所はないが、事情を理解し同社の倉庫にでも入れておけば絵が劣化するのは防げるとして買い取った。新大阪ホテル（現リーガロイヤルホテル）開業の時、朝日新聞からお祝いとして贈られ、岡本神草の作品としてホテルのロビーに飾られていたが、その後、リーガロイヤルホテル大阪の美術倉庫に別の作家の作品として保管されていた。岡本神草の再評価を契機に作品が岡本神草の《婦女遊戯》と確認され、同ホテルのラウンジの壁面に再び戻された。作者紹介文には次のように書かれている。

岡本神草（1894～1933）神戸生まれ。京都市立美術工芸学校卒業後、同立絵画専門学校に

進学。卒業後すぐ国画創作協会展に卒業制作「口紅」を出品して入選、その妖艶《ようえん》で誇張された女性像によって評判となった。作品はいずれも浮世絵などを参照した濃艶《のうえん》な雰囲気の女性像で、成熟した女性の美しさや舞妓の持つ人工的美しさの根底にある神秘さ、宗教的な感じを表現することを求め、独自の作風を示している。「婦女遊戯」は昭和7年第13回帝展に入選した作品。

岡本神草作《婦女遊戯》
（リーガロイヤルホテル所蔵）

帝展に出品され人気を呼んだが、その後所在不明となっていたもので、当社が購入した時には全く別の作家の作品とされていた。昭和63年になって岡本画伯の作品であることが判明し話題となった幻の大作。

その他の作品は高子が保管していたが、これを機会に公開されることになり、岡本神草の作品の一部と関係資料は京都国立近代美術館に寄贈され、同美術館に所蔵されている。

一九八八年二月一四日、NHK日曜美術館で、「岡本神草―大正の日本画・妖艶《ようえん》の舞妓」が放送され、岡本神草の名が全国的に広がった。また、二〇〇五年一一月二六日には、「美の巨人たち、岡本神草～拳を打てる三人の舞妓～」がテレビ東京系列で放送された。

夭折した画家岡本神草の作品に目を付け、絵の世界に再び呼び戻し、評価の契機を作ったのは京都の画商星野桂三であった。星野は二〇〇八年六月一四日～七月一二日、「没後75年夭折の日本画家・岡本神草《拳の舞妓》への軌跡展」を星野画廊で開催した。

若松家が保管していた岡本神草夫妻の作品は京都国立近代美術館に寄贈され、現在同美術館所蔵品となっている。本書出版と時を同じくして、二〇一七年一一月一日から一二月一〇日まで、京都国立近代美術館で「岡本神草の時代」展が開催される。何かの縁である。

四女・モミヂと高須家の医師ファミリー

四女・モミヂは一九〇六年に木浦で生まれた。モミヂは負けず嫌いで頑張り屋であった。小学校の時の運動会ではいつも断トツで一等になるほど走りが得意であった。一本に編んだお下げをふりながら突進していく様子を兎三郎と里《り》うは来賓席から見てわが子の活躍に頬を緩めた。

モミヂは仁川女学校を卒業し、姉の緑同様、日本女子大学に進学した。モミヂは行動力があり、寮でも後輩たちの面倒見がよく、皆から慕われた。

モミヂは医学生の高須《たかす》正夫と京都教会で結婚式を挙げた。高須正夫の父・高須直一《なおいち》と兎三郎の共通の知人であった横井時雄《ときお》牧師の紹介で二人は結ばれた。

高須正夫は愛媛県で十人兄弟の三男として生まれ、京都府立医科大学を卒業し、大阪住友病院耳鼻咽喉科に勤務していたが、日中戦争に軍医として応召した。帰還後、京都市伏見区丹波橋に高須耳鼻咽喉科医院を開業した。

高須正夫

モミヂ

高須直一とクニ（旧松山藩当主久松家家老穂坂の娘）、直一88歳、クニ80歳

高須正夫は手先が器用で手術が得意であった。長女・怜子が小学校五年の時、自宅の傍《そば》の街路で友達と遊んでいた時、パラソルをさして歩いてくる女の人を避けようとして、傍に立っていた男の腰に挿していた手鉤《てかぎ》（先の鋭く尖った手鉤）の先が怜子の鼻にあたり、鼻に裂傷を負う出来事があった。慌てて自宅に帰ると、正夫は直ちに細い糸で縫い始めた。結果は上々で、父親として医師としての面目を保った。怜子の鼻は後々になっても形を保ち、傷跡もなく、完治した。

正夫は大東亜戦争勃発で軍医として再度応召し、インドネシアのジャワ島で五年間暮らした。ジャワ島では戦病兵療養所長として勤務した。終戦後オランダ軍捕虜として一年間抑留された。晩年に妻・モミヂと共にキリスト教に入信した。

正夫とモミヂの間で二男一女をもうけた。モミヂは努力家で子供の教育にはことさら熱心であった。正夫が二度も戦争に応召し、七年間の留守の間、実家の支援はあったにしてもモミヂは女手一つで三人の子供を立派に育て上げた。

長女・怜子は同志社女子大学英文科を卒業し、京都大学化学研究所助教授石割《いしわり》隆《りゅう》太郎《たろう》に嫁いだ。隆太郎は奈良女子大学理学部教授および近畿大学教授を勤めた著名な学者である。

怜子は父・正夫が帰還した時の感想について短歌四首を交えて次のようなエッセイを書いた。

「父の帰還」

車窓過ぐる青田の戦《そよ》ぎ眺めつつ戦中戦後の思い出紡げり

私の戦争の記憶は小学校一年生の夏、父の応召に始まる。弟と父の両脇に手を繋がれ故郷の伊予波止浜の駅への一本道を沢山の幟《のぼり》や旗の先頭に立って歩いたこと、日の丸の小旗と萬歳の声に送られ汽車が出て行く時のえも言われぬ感情は忘れることはない。

「死ナナイデ」汗の滲み入る千人針の父に捧げし吾が幼な文字

後になって戦地から持ち帰った千人針に精一杯心の丈を書いていた自分を知り、胸が痛む。

意も知らず父口写しに歌いたる「青葉の笛」の調べよ哀し

音楽を愛し、テニス・写真・碁などにも長けていた父の再度の応召は太平洋戦争勃発の直前、医院を開業してやっと一年過ぎたところだった。何カ月か経ちジャワから父の手紙が届いた。終ジャワはまだ平和で父の媒介で現地の子供と片仮名の手紙や贈物を交換したこともあった。終戦の前年辺りから音信が途絶えた。敗戦後はオランダ軍の俘虜に。終戦翌年の夏のある日、突然電報が届いた。

重き長靴引き摺《ず》るように駅の段下り来る老兵は洗面器肩に

それが待ちに待っていた四十一歳の父の姿だった。しかも私は成長期で父の妹と間違われ、下の弟は父を「小父ちゃん」と呼ぶ始末。父は医院を再開したが暑い南洋の地での捕虜生活や心労のせいか間もなく胃潰瘍で吐血し、しばらく診療を休み代診に任せた。元来朗らかな人であったのに余り語らなくなっていた。

一方銃後を守った母は口に出さぬ人であった丈にその苦労は言い表せない。弟も学童疎開を余儀なくさせられたし、私は出征家族の稲刈りの手伝いや学校工場での木工仕事に精出した。自分の意志などほとんど通じなかった。

京都は戦禍と無縁に思われがちだが、私のいた伏見は大阪爆撃の通り道に当り機銃掃射や空中戦にも遭遇したのであった。

（美研インターナショナル編『今モ、同ジ空』第二集より）

長男・高須俊明《としあき》は京都府立一中、京都府立桃山高校、京都大学理学部教養課程を経て東京大学医学部医学科を卒業し、東大沖中内科に入局、大学院内科系（指導沖中重雄教授）を修了し医学博士となった後、英国ロンドン大学神経学研究所に留学。帰国後、新設の東大脳研神経内科に転入局、脳研助手職を経て東京大学医学部講師・付属病院神経内科外来医長を勤めた。東京大学病院内科勤務中に伯母保持寿満子《やすもちすまこ》（東京高裁判事道信の妻）の紹介で、寿満子の娘郁子の千葉大学薬学部同級生であった大久保志津《しづ》と結婚した。俊明はその後、日本大学医学部神経内科初代教授に就任し、日本大学板橋病院副院長を勤めた後、定年退職し、名誉教授となった。学生時代、医学部陸上部のマネジャー、主将を務めた。

高須俊明は『酒と健康』（岩波書店）、『よくわかる　お酒と体のサイエンス』（廣済堂出版）、『頭

左から高須俊明、石割怜子、高須健次

痛』（岩波書店）、『脳蘇生治療と脳死判定の再検討』（近代出版、林成之氏との共著）などの著書があり、学会においても、日本神経治療学会理事、日本神経感染症学会初代理事長、文部省パキスタン国カラチにおける脳炎調査隊初代隊長、外務省国際開発協力関係公益団体（NGO）パプアニューギニア国ゴロカのSSPEをなくすための有志の会初代代表、厚生省遅発性ウイルス感染調査研究班長など務め、特に、スモン患者に見られる緑毛舌の発見はスモン原因を解明する端緒となった。後に、厚生省スモン班名誉顧問になった。

次男・高須健《けん》次《じ》は京都大学医学部を卒業し、京都のノートルダム女学院大学を卒業した大久保京子と結婚し、静岡県立静岡総合病院神経内科長を経て、静岡市呉服町に高須神経内科医院を開業している。音楽が得意である。

戦時中および終戦直後の厳しい状況において子供たちの成育の大事な時期に夫を戦争に取られながらも、女手一つで子供たちを立派に育て、二人の息子を東京大学医学部および京都大学医学部に進学させたのはモミヂの献身的な努力の賜物であった。そのモミヂを陰で支援してくれた愛媛で医院を開業していた義兄・勇や兎三郎の家族愛も見逃せない。

高須正夫の父・直一は、一八七〇年生まれ、岡山医学校（岡山大学医学部の前身）時代にキリスト教に入信したクリスチャンであった。医学生時代に人体解剖をして、ヒトの体の精妙さに驚き、これは神が造られたとしか思えないと感じたのがキリスト教入信の動機であった。そのために仏教徒だった実家から勘当され、学費以外の財産は分けてもらえなかった。直一は日清戦争の時、松山日本赤十字病院に勤務し、そこで知り合った国の大事に篤志看護婦として馳《は》せ参った穂坂《ほさか》クニと結ばれた。そして郷里の愛媛県越智郡波止浜町（現在の今治市波止浜）に高須医院を開業した。傍ら波止浜教会に所属して奉仕活動をした。晩年は東京の長女・保持寿満子宅に同居し、直一は九九歳で、クニは九三歳で天寿を全うした。米寿の時、新約聖書の中扉の表に直一とクニの写真を貼り、その裏に「聖書は神の言葉にして我等六十余年信仰的生命の糧として愛読したる書なるが故に米寿並に結婚六十年の恩恵を感謝し記念に遺贈す」と添え書きして子供や孫たち約三〇人に配った。

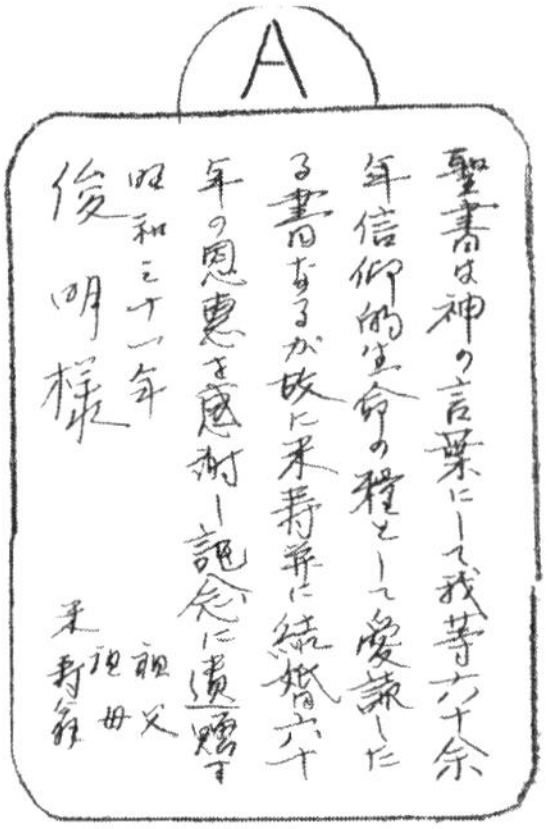

祖父・直一と祖母・クニの添え書き

高須家は医師が八人の医師ファミリーである。他に大学教授や弁護士などがいる。

若松家を継いだ男たち

若松家に待ちに待った男の子がようやく生まれた。五人目の出産であったので、家族が集まって、不安を抱えて見守っていた瞬間であった。助産婦が大きな声で叫んだ。

男のお子さんの誕生です！　おめでとうございます！

助産婦さんの声に安堵の歓声が上がった。集まった家族はみんな大喜び。誰よりも喜んだのは母の里うであった。里うの眼からは涙がこぼれた。言うまでもなく嬉し涙である。男の子が生まれない限り妻の責任を果たせないと思うのが当時の社会的風潮であった。それを意識しないわけにはいかなかったから、口にこそ出さなかったけれども、里うは苦んだ。若松家の跡取りができて、役目を果たせるようになり、里うはひと安心した。

兎三郎は長男・逸《いつ》を溺愛した。逸はみんなに注目されながら、粛々と育った。その分、逸にとってはプレッシャーでもあった。

北朝鮮地域の咸鏡南道《ハムキョンナムド》元山で生まれた逸は、父親の転勤で、幼少時は平壌と釜山で育ち、釜山と仁川で小学校時代を過ごした。兎三郎は子供たちの教育に特別な情熱を持っていた。殊に男の子には最高の教育を受けさせ、世界で活躍する人材として育て上げることが夢であった。自分が果たせなかった夢を男の子に託そうとして幼少時から英才教育を始めた。

長男・逸にその夢を託すべく小学校の時から自ら家庭教師となり英語を教えた。その成果あって、逸が仁川小学校を卒業した時は、英語力が相当なレベルに達していた。京城《キョンソン》中学校に入学し、自身満々の逸は英語の時間を楽しみにしていた。ところが、ABCから習う中学校一年生の英語の授業は、逸にとってはレベルが低すぎてつまらなかった。馬鹿らしくなって勉強しなくなった。さらに京城中学校では寄宿舎に入っていたが、寄宿舎の中で「いじめ」を受け、精神的に不安定になって勉強をしなくなり、中学校三年生の時の成績は劣等生といってもよかった。

この頃、逸は病気（結核）になり、兎三郎は京城で医院を開業している知人の内田医師のところに連れて行き、診療してもらった。内田医師の息子は逸と同級生で秀才であった。その弟たちもみんな優秀な秀才一家であった。

内田医師は、寄宿舎の食事は栄養不足なので、逸の健康のために自分の家に下宿することを勧めた。逸の成績低下を心配していた兎三郎は内田医師の心遣いに感謝し内田家に下宿させた。

内田家に下宿した逸は、内田家の秀才たちに囲まれて勉強に集中することになり、もともと頭は良かったので、その成果が直ちに表われた。四年生の二学期には優等生の仲間に入った。五年生の時はさらに成績が上がり、京城中学校を卒業し、熊本の旧制第五高校に進学した。

兎三郎が仁川米豆取引所社長として経済的にも豊かな時代であった。逸に「大学を卒業したら、英国の名門オックスフォード大学か、ケンブリッジ大学に留学させる」と約束したが、昭和大恐慌のためこの約束は実現されなかった。

逸は五高では陸上部に入り、主将を務め四〇〇メートル走でインターハイにも出場した。さらに七高との定期戦で、選手不足から専門外の八〇〇メートル走を急遽走ることになり、きつい練習についていけず、何度も諦めようとしたが、主将の責任感から最後まで頑張り通し、試合で完走した。その経験は戦後の会社経営の困難を乗り越える時に大いに役立った。

逸は東京大学経済学部に現役で合格した。翌年、五高時代の同級生で野球部主将であった広岡知男が一浪して東京大学法学部に入ってきた。広岡は朝日新聞社長を一〇年間務めた著名な言論人で生涯の親友であった。高校の時から名選手であった広岡は入学するとすぐ野球部に入り、逸を野球部のマネージャーに誘った。逸は二年、三年の時にマネージャーを務めた。広岡は二年から主将になり、広岡主将・若松マネージャーのコンビ時代もあった。

長男・逸と保子の結婚式の時

逸は東京大学卒業後、朝鮮殖産銀行に入行した。入行三年後に殖銀重役の紹介で、朝鮮銀行副総裁松原純一の長女・保子《やすこ》と結婚した。保子は朝鮮銀行副総裁の娘というだけでなく、美人であったので、彼女との結婚を逸は誇りとした。それもあって病弱な彼女を生涯いたわった。

松原純一は島根県出身で、神戸高等商業学校（神戸大学の前身）卒業後、朝鮮銀行東京支店に入行し、同銀行の理事、副総裁を経て、満州興業銀行設立に参加し、副総裁を務めた後、第七代朝鮮銀行総裁（一九三七～一九四二年）となった。総裁退任後は朝鮮商工会議所会頭を務めた。

逸は朝鮮殖産銀行において順調に昇進し、特殊金融部長の時に終戦となった。この時、妻・保子は京城で脳脊髄膜炎にかかり、九死に一生を得た。難病から回復したばかりの保子と二歳児の長女・道子を抱え、七歳の長男・正身を連れて、一家四人は貨物列車で釜山までようやくたどり着き、釜山から貨物船に乗って引き揚げた。この時も逸は悠々としていて、釜山港で引揚船を待っている時にも、家族と離れて殖銀の釜山支店に行き、旧知の韓国人行員と夜遅くまで酒を飲んだ。朝鮮生まれの朝鮮育ちであった逸は韓国人行員とも仲が良かった。その時、韓国の人たちの心の広さに感心し、逸は将来の韓国の発展を信じていた。

引き揚げ後は京都浄土寺馬場町の父親の家に身を寄せてから、しばらくして大阪に出て行き、事業を始めたが、紆余曲折があった。一九五四年に電線卸売業の大阪石田電材を設立し、これを基盤にして、M&Aにより事業を拡張した。一九五六年には道路舗装業大日本アスファルト工業株式会社を買収して傘下に収め、一九六五年には旭国際ゴルフ倶楽部が建設する数か所のゴルフ場を建設施工するようになり、社名を大日本建設株式会社と改名した。この時、ゴルフ場設計のため、一九六八年に土木設計会社を買収して若松設計コンサルタントとした。大日本建設株式会社は一九七六年に売却した。

逸は経営不振に陥っていた会社を買収して、傘下に収め、若松グループを拡大した。バブルが弾けてからは、土木建設業が成長する時代は終わったとして、経済環境がまだ良い電気関係のエレコン株式会社だけを残し、他は売却して経営を集中させ、同社を長男・正身に譲った。

また、朝鮮殖産銀行の日本国内資産で設立した殖銀株式会社が経営の行き詰まりで困った時、殖銀時代の上司に要請され、社長に就任して再建させた。社会活動としては、関西第五高校同窓会長、関西京城中学校同窓会長などを務めた。

逸と保子の間には二人の子供が生まれた。長男・正身は釜山で生まれ、父親の勤務先の関係で京城に移り、鍾路《チョンロ》小学校二年生の時に終戦となり、家族と一緒に引き揚げた。引き揚げ後は祖父・兎三郎宅に同居していたため、直系子孫である正身は兎三郎から直接教育を受けた。敗戦の混乱の時期に引き揚げるなど移動に時間がかかり、京都に定住が決まり、小学校に通学を開始した時は、一二月で二年生の三学期に進んでいた。授業についていくのが大変であった。それを知った兎三郎は、国語の本を二年生用から六年生用までそろえて、早朝および休みの日に読書と漢字の書き取りを教え、さらに算数の九九テーブルの暗記を教えた。その成果が表われ、学業の遅れを取り戻し、優秀な成績で小学校を終えた。

正身は大阪市立大学を卒業後、父親所有の会社経営に参加し、ダイアス株式会社、若松興産株式会社の社長を勤めた。現在は、エレコン株式会社の社長である。正身は医師である草田正義の二女・満美《まみ》と結婚した。満美は大阪市立大学卒業後、一級建築士の資格を取得した。現在は夫・正身が経営するエレコン株式会社の専務執行役員として経営に参加している。

長女・道子は京城で生まれ、一歳の時、家族とともに引き揚げた。小学校一年の時に結核にかかり休学した。兎三郎は自宅に呼び寄せ休養させながら、小学校六年生までの国語教科書を取り寄せて、読み書きを教え、また算数の九九を教えた。小学校三年の夏には母保子の実家でひと夏過ごしたが、その家は島根県の石見銀山大森地区にある旧家で、銀山が世界遺産に登録されたときに出た記念切手の一枚になっている。神戸女学院大学を卒業。今は池田姓で静岡市に住み、公益社団法人自彊《じきょう》術普及会静岡支部長として東京にも出張して講演するなど、高齢者の健康指導をしている。

孫たちは引き揚げ後の環境の変化に適応できず、学業に支障を来していた。そんな時に教育熱心な祖父が自ら家庭教師となり、誠実に指導したため、学業の遅れはすぐ取り戻し、安心して学業に取り組むことができた。

兎三郎と里う夫妻には、続いて二人目の男子志廣《しひろ》が生まれた。平壌で生まれた志廣は釜山で幼少期を過ごした。兄・逸と同様、京城中学校を卒業して旧制第五高校に進学した。高校時代は兄・逸に影響され、陸上部に入り、主将を務めた。筋骨隆々の選手だった。高校では理科を選択していたことから、大阪大学工学部に進学した。大阪大学で冶金工学を専攻し、卒業後、三菱金属に入社した。志廣は秋田県尾去沢《おさりさわ》の三菱金属鉱業尾去沢鉱山に勤務していたが、三菱金属が北朝鮮清津《チョンジン》に製鉄所を建設することになり、技術者として朝鮮に派遣された。

甥・正身が一九六五年頃、尾去沢鉱山跡地に作られた尾去沢スキー場に行った時、宿の管理人から、「貴方のおじさん（志廣）は三〇年前にここに勤務していました」と話しかけられて、正身は驚いたことがある。

当時、三菱金属はドイツから特許を取り入れ、粉鉄から製鉄する特殊な製鉄所を朝鮮清津に建設した。志廣はその技術者として赴任し、課長の時に終戦となった。日本の敗戦後、北朝鮮地域はソ連軍が占領した。ソ連軍は志廣に対し、朝鮮人に技術指導するように命じ、家族と共に抑留されていたが、ソ連軍の撤収によって、一九四九年にようやく家族と共に引き揚げた。

兎三郎と次男・志廣

帰国後は京都の兎三郎の家に身を寄せていたが、すぐ三菱金属に復帰して、直島の銅精錬所や生野鉱山大阪精錬所に勤務し、桶川《おけがわ》工場長を経て、三菱レイノルズアルミ取締役富士裾野工場長を勤めた後、小会社の株式会社菱金製作所社長となった。志廣は妻・多美との間に一男五女の子供をもうけた。長女・久子は、幼少期に北朝鮮で抑留され、教育も充分受けられなかった。引き揚げ後定着するまで約二年間学校に行けず、授業についていくのが大変でずいぶん苦労した。結婚後埼玉県大宮の志廣家の近くに居住し、他の姉妹とともに志廣夫妻の老後の面倒をみた。

唯一の男の子である道廣《みちひろ》は芝浦工業大学工学部を卒業し、日本新金属株式会社に入り、同社製造部次長で退職したが、六三歳の若さで亡くなった。道廣は高須正夫の妹岡田愛子の長女・知子と結婚した。

三人の娘たちと妻・里うの死

兎三郎夫妻にはさらに女の子三人が生まれた。

五女・昇子《しょうこ》は、釜山で生まれ、幼少期は釜山と仁川で過ごした。同志社女学校を卒業してから、絵を習いたいと希望していたが、兎三郎が緑夫婦のことで懲りたと言って許してくれなかった。昇子は宮崎県高鍋市の名門山名《やまな》家の重文《しげふみ》と結婚した。医師であった重文は戦時応召し復員した。戦時中に苦労した昇子は戦後に病気となり、兎三郎の実家で療養した。晩年は長女・三矢子《みやこ》の夫の勤務先であるバプテスト病院に長期入院しての病床生活であった。昇子と重文には三人の子供がいた。

長男重久《しげひさ》は日本大学工学部卒の建築設計士である。長女・三矢子は医師林衛《まもる》と結婚した。林衛は京都バプテストの病院長を勤めている。次女・由美子は鴨沂《おうき》高校を卒業して、写真家の木村晃造《こうぞう》と結婚した。木村晃造は京都市に生まれ、第八九回二科展写真部早田雄二賞を受賞。現在、二科展写真部会員、日本広告写真家協会名誉会員、日本写真家協会会員、京都写真芸術家協会理事長である。三矢子と由美子は若松兎三郎が一九五三年に交通事故に遭った時、同居していたので祖父・兎三郎の最期を看取った。

六女・高子は、京都府立第一高等女学校卒業後、一〇代から母・里うの勧めで、絵更紗《えさらさ》の生みの親として知られる元井三門里《もといみとり》に師事した。一九三五年に映画プロデューサー絲屋寿雄《いとやとしお》と結婚した。絵更紗の同好者とともに全国規模の絵更紗美術協会を作り、初代会長を務めた。絵更紗作家として毎年東京銀座松屋百貨店と大阪三越百貨店で作品展を開催した。

高子は岡本神草・緑の作品を保管していたが、画商星野桂三氏に提供して、夭折した画家岡本神草の再評価の契機を与えた。神草が大正期の著名な画家として評価されるようになった影の協力者である。

絲屋寿雄は早稲田大学を中退し、映画の世界に入り、独立映画運動に関わった、社会主義運動史研究の思想家である。一九五〇年に新藤兼人《しんどうかねと》、吉村公三郎《こうざぶろう》らと近代映画協会を設立し、初代社長となった。多くの映画や著作を残した。主要な著書として、『管野すが』（岩波新書）、『大村益太郎』（中公新書）、『大逆事件』（三一新書）、『幸徳秋水研究』（青木書店）、『幸徳秋水』（三一書房）、『流行

六女・絲屋高子（1999年２月18日京都新聞夕刊より）

歌』（三一書房）などがある。

絲屋寿雄は兎三郎の晩年を見守り話し相手となった。兎三郎はお正月には絲屋宅を訪ね、年頭の祝盃を傾けながら、昔話や国際情勢などについて話すのが楽しみであった。

絲屋寿雄は兎三郎の自叙伝『自己を語る』を編集し、「あとがき」で次のように書いた。

京都銀閣寺において自動車事故のため不慮の死をとげるまで老人は実に頭脳明晰で、記憶の確かな人であった。父母兄弟などの生没の年月日とか、知人の経歴とか、外務省時代の赴任地の地名や些細な事件の記憶など何らのメモも書き残していないにも拘らず一々まことに正確で、その物覚えの良さは驚くばかりである。

また、外交官在職中に貫いた「同志社時代の人道主義的精神は常に随所に光をはなっているようである」と指摘し、「老人は、ヨハネ傳のキリストの最後の説教につねにもっとも深い感激をもっていた。そして自分はこの世に在る間は我なる衣を脱することに朝夕いそしみ、おのが十字架を背負って勇んで主に従わんことを願った」とクリスチャンとしての生き方をのぞかせ、「生涯を清く正しく生き抜いた一明治人の骨の硬さを感じとられる」と書いている。

七女・和恵《わえ》は、同志社女学校を卒業して、建築家の島田正二《しょうじ》と結婚した。島田は早稲田大学理工学部建築科を卒業して三座《さんざ》建築設計事務所に勤務していたが、三一歳で早死した。

正二と和恵の間に二人の女の子が生まれた。長女・輝子《てるこ》は三菱重工に勤務していた前田暢一《ちょういち》に嫁した。次女・和香《わか》は建築家田村又夫《またお》に嫁した。和香は東京女子大学を卒業して、予備校校長を務めた。

子供が八人もいると兄弟や姉妹の中でも性格の違いや顔立ちの違いがある。顔立ちが兎三郎に似ているのはモミヂと志廣であり、母・里うに似ているのは篤世、緑、逸、昇子、高子、和恵であった。性格的に兎三郎は創意性を好み、新しい物好きの反面、気が変わりやすいところもあった。勉強しなくても成績の良い閃きのある子供を好み、実直な努力タイプは軽く見られる傾向があった。子供たちの中でも芸術家肌だったのが緑と高子であった。兎三郎は一芸に秀でた緑や高子を好み、愛情を注いだ。そういうところがあって緑の夫・岡本神草を評価した。

一〇人の子供を産み、外交官および官僚生活を全うしている兎三郎を支えながら、子供たちを立

妻・里う。八人の子供を育てた気丈夫であった

派に養育した里うの内助の功はまことに大きい。里うは兎三郎の同志社時代の数学がかなわなかった同級生相馬の妹である。里うは三女・緑が肺結核に罹って実家に戻って療養した時、緑を看病するうちに自らも罹患し、一九四四年に死去した。享年六七歳である。里うは物静かな良妻賢母であった。歌がうまく、テニスや水泳が好きな社交家であり、英語で挨拶もできるインテリ婦人であったが行動的な面もあった。

短気な兎三郎が何かのことで怒って火鉢の灰をつかんで里うに投げつけようとした時、里うの鶴の一声「あなた、何をなさるのですか」で兎三郎は灰をつかんだままぶるぶる震えて何もできなかったとか、泥棒が里うのいる部屋の外の廊下を抜き足差し足で通るのに気付いた里うは「誰かえ」と声をかけたので泥棒はしまったと逃げてしまい難を逃れたとか、孫たちは小さい頃、その二つの事件を面白おかしく真似したものだった。里うは兎三郎の釜山府尹時代、愛国婦人会釜山委員会会長を務めるなど活動的であった。兎三郎と苦楽を共にしながら、子供たちの成長を楽しみにし、養育や教育のために、ひたすら働き、全員片づいたところで、ゆっくり余生を楽しもうとしていた矢先の逝去であった。兎三郎にとっては運命のいたずらであった。

母親として沢山の子供を産み、養育に献身し、すべての子供に高等教育を受けさせ、立派に成長させて共に愛国婦人会の、片や釜山の、片や波止浜の地区会長を務めた若松里うと高須クニには明治時代の女性としての気概を感じさせる共通点がある。

不運の交通事故死

若松兎三郎は、晩年、時々近所の市場に行って肉や魚などを買って、自ら料理を作って孫たちに食べさせることを喜びとした。その日もいつものように買い物の帰りであった。一九五三年一二月二日、真冬で日が暮れるのが早く、気が付いたら暗くなっていた。両眼が不自由になった兎三郎は八六歳の高齢で耳も聞こえにくくなっていた。暗くなったので急がなくてはと気が焦っていた。

自動車が多い時代ではなかったので信号があるわけでもなく、急いで白川通を横断しようとした時、すぐ目の前にトラックが迫っていた。近所の人が事故を目撃し、若松老人だとわかると自宅に運んだが、その時はすでに息がなかった。

葬儀は日本福音ルーテル教会で行われた。同志社大学大塚節治総長をはじめ、大学関係者などが多数出席して故人の冥福を祈った。生前尊敬し親しくしていた大先輩徳富蘇峰は長文の弔電を送ってくれた。

ある日、みすぼらしい装いの若い女性が子供を背負って入ってくるなり、「すみません」「赦して下さい」と泣きながら訴えた。遺族たちは何のことか分からなかったが、あまりにもみすぼらしい姿であったので、「だいじょうぶですよ」と帰させた。トラック運転手の妻であった。

里う夫人を亡くしてからの晩年の兎三郎は、孫たちと同居して、料理を楽しみ、庭の木の手入れをするのが日課であった。まるで農家のおじいさんであったと孫たちは口をそろえて言う。そして日曜日は鴨川にあるバプテスト京都教会に通った。

頑固なお祖父さんではあったが、情け深く、優しいところがあった。ある日、朝鮮人の御婆さんが近所で「アイゴ！　アイゴ！」（おやまあ、何てことだ）と大声で叫んでいた。それを聞いて兎三郎は孫たちに行って事情を聞いてみてと話したことがある。

近くの朝鮮人たちが集まって居住している町でマッコリ（どぶろく）を売っていることを知り、孫たちにマッコリを買いに行かせたりした。朝鮮で飲んでいたマッコリが懐かしかったようである。孫たちの前でマッコリを嬉しそうに飲んでいた。兎三郎にとって朝鮮は第二の故郷であった。郷愁を感じていたのだろう。

若松兎三郎は『自己を語る』において晩年の心境をこう語った。

老後の心境を概言すればヨハネ傳一四章の最後の御説教に最も深い感激を有するは初信の時

と豪《ごう》も変わらない。我が魂は主の御導きによってのみ安住の地を得んことを希望し此の世に在る間に我なる衣を脱することに朝夕いそしみたいのと今一つ切実な願いは己のが十字架を負って勇んで主に従わんことである。私の如き老輩の者も自分の為でなく、他のために苦難を負うべき要が有る間は生存の意義があると言えよう。他のために苦難が打掛かって来ている其の苦難を切り抜けて安住の地に達することのみ只管《ひたすら》希う。其れ以外老の身として世に何等の欲求はない。唯神の造られた生々たる野原に大気を呼吸し日光に浴し、しみじみと恩沢を感謝することを我事としたい。

若松兎三郎と衛藤征士郎の奇縁

郷土の大先輩若松兎三郎の記念行事に参加した衛藤征士郎《えとうせいしろう》衆議院議員とは意外なところで縁があったことが後に判明した。若松兎三郎は朝鮮での官職が終われば、生まれ故郷に帰郷して余生を送ろうと考えて、生家の跡地（生家は明治一六年森村の大火の時焼失）に邸宅を再建築した。実際には帰国後大分に帰らず、京都を新たな居住地としたため、森村の新築邸宅には戦後朝鮮から引き揚げてきた甥の若松淳二（弟・元四郎の次男）がしばらく居住し、兎三郎同様、熱心なクリスチャンであった淳二が教会として使用していた。

一九七一年玖珠《くす》町長に就任した衛藤征士郎はその若松邸を購入して住んだ。しかし衛藤は最近まで自分が住んでいた家が若松兎三郎邸であったことを全く知らなかった。
若松兎三郎の直系子孫若松正身が一九七八年に祖先の故郷玖珠町森を訪問し、祖父・兎三郎の生家の場所を突き止め、撮影した写真と、その時入手した『旧森町民住宅配置図（明治末期より大正年間）』からこの事実が明らかになった。当時の住宅配置図と邸宅の写真を見て、かつて若松兎三郎邸であった家がまさしく自分の家であることを知り、驚くとともに何かの縁を感じると衛藤征士郎は言う。

衛藤は全国最年少の二九歳で玖珠町長に当選し、二期務めた後、参議院議員となり、森町を離れたので、その家はその後更地になった。衛藤は参議院議員を一期務めた後、衆議院議員に連続一一期当選して、衆参両院議員として国会議員四〇年在職のベテラン政治家である。その間、防衛庁長官、衆議院副議長などを歴任し、現在、自民党経済外交連携本部長などの要職にある政界の重鎮である。衛藤は同郷の大先輩若松兎三郎が韓国で遺した立派な功績に感動し記念事業などに積極的に参加している。

偶然とはいえ、大分県玖珠町森三七〇番地（現在の森七三九番地）は、明治時代に韓国木浦領事の時、米国種陸地綿および天日塩《てんぴじお》を導入させ、韓国の産業発展に寄与した〝善良な日本人〟として評価されている本書の主人公若松兎三郎の生誕の地である。他方、全国最年少町長として〝大分のケネディー〟と名を馳せて政界に足を踏み入れたばかりの衛藤征士郎が再建築した若松邸を購入して住んでいたことは単なる偶然とは思えない。

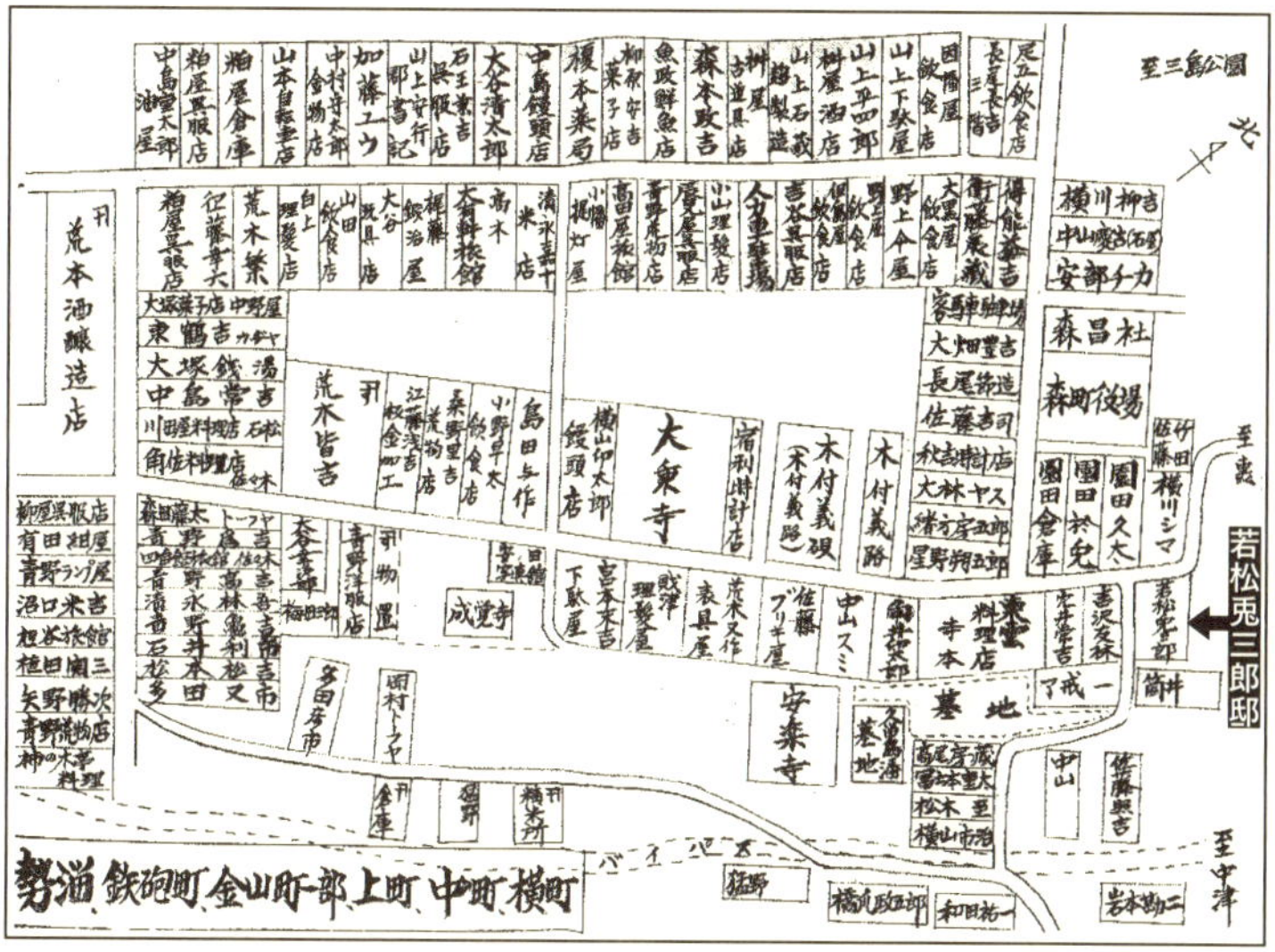

旧森町民住宅配置図（明治末期より大正年間）、住宅配置図の下から３段目の右端が若松兎三郎邸

森町鳥瞰図

若松兎三郎が再建築して衛藤征士郎が居住していた邸宅

若松兎三郎は明治時代に郷土森村が生んだ傑出した外交官であった。国境や民族を超えて人類はみんな平等であるという理念と思想を実現しようと努めたコスモポリタンであった。衛藤征士郎は現代の日本の政界を代表する政治家である。数多くの議員連盟会長として国際交流に尽力している数少ない国際派国会議員である。特に、隣国韓国との交流の重要性を強調し、日本と韓国の国会議員のサッカー親善試合を推進する一方、日韓議員連盟会長代行として精力的に活躍している。

森村が生んだ二人の傑出した人物が、生まれ育った時代は違うとしても同じ敷地内で暮らしたということはやはり奇縁である。

森村は小さな城下町である。城の側には重臣が住み、上士ほど城から近く、下士ほど遠く住むという昔の城下町の家の配置図がそのまま現在も残っている。若松家は足軽の地位であったので、町のはずれに家があったものと想像される。

第一四章　木浦の中の日本文化

木浦開港と日本領事館開設

朝鮮半島西南端に位置する全羅南道木浦《チョルラナムドモッポ》は、一八九七年一〇月一日、釜山《プサン》、元山《ウォンサン》、仁川《インチョン》に次ぐ朝鮮半島四番目に開港された由緒ある港町である。開港以来、西南地方を代表する都市として発展し、戦前には六大都市に君臨した。貿易港として栄え、日本との交流が盛んに行われていたことから、日本人によって導入された文化の痕跡が数多く遺っている。

木浦港は朝鮮半島西南部海岸に広がる多島海の島嶼《とうしょ》地域と内陸部を連結する交通の要衝として、また、海運の要路として、福岡、長崎、大阪など日本の港と、上海など中国大陸との中間地点に位置していることから、寄港地、中継港としての役割を果たしていた。しかし戦後、東西冷戦の激化によって、韓国と中国大陸との交通が遮断され、木浦港の貿易港としての役割が減少した。

日本政府は木浦港が持つ戦略的要素に強い関心を持ち、開港以前から領事館設置を決定し、木浦領事館建設用地として木浦の一等地に五万二九〇〇㎡の土地を買収して近代的な領事館の建物を建築した。宏壮堅固の煉瓦建ての領事館建物は一九〇〇年一二月に完成した。この建築物は、木浦初の西洋近代建築で、当時日本の在外領事館の中で中国厦門《アモイ》領事館とともに双璧をなしていた。日本領事館として使用した後、統監府時代は木浦理事庁舎、総督府時代は木浦府庁舎、戦後は木浦市庁舎として使用されるなど、木浦の行政の中心として時代を担っていた木浦の歴史の象徴である。現在は近代歴史館として一般に公開されている。近代木浦の歴史を抱え込んでいた生き証人であり、木浦を代表する近代的な建築物である。旧日本領事館建物は韓国政府によって国家史跡第二八九号に指定されている。

開港当時、木浦に領事館開設を計画していたのは日本だけではなかった。列強の中では英国とロシアが関心を示した。英国は領事館敷地として木浦居留地内に一万二四七五㎡の土地を買収した。ロシアは一万九三一一㎡の領事館用地を買収し、さらに接続地一万八〇〇〇㎡を競売で購入して貯炭庫にしようとした。結局、木浦に領事館を開設したのは日本だけであった。英国は木浦海関長W・アーマーが一八九八年一二月から海関長在任中領事事務を取り扱っていた。清国は在留民が相当いたにもかかわらず、仁川領事に管轄させた。英国とロシアは領事館開設のために用地を獲得し

旧木浦領事館全景（木浦市観光課提供）

たが、領事館開設には至らなかった。

日本は領事館本庁舎を建築するとともに、警察署、監獄、郵便局、領事官舎、書記生、通訳生、警部などの各官舎および巡査合宿所などが隣接地に建てられた。これとは別に、木浦居住商人渋谷《しぶや》達郎《たつろう》名義で居留地内に一四万一六六〇㎡の土地を取得した。

木浦の各国居留地はA、B、Cの三種に区分された。Aは村落、水田、または埋め立てる必要のない低地区、Bは高地地区、Cは埋め立てを必要とする海浜地区である。居留地内の土地は公売が原則で、内定価格は一〇〇㎡に付き、A地区銀貨六ドル、B地区銀貨三ドル、C地区銀貨五ドルと定め、公売価格のうち、内定価格分は韓国政府の収入とし、超過分は各国居留地の所得にして居留地経営の費用に充てた。また、土地税は一定部分韓国政府の収入とし、残額は居留地会の収入とした。

久水《ひさみず》三郎領事が初代木浦領事に任命され、一八九七年一〇月二四日着任した。久水領事は一八九九年六月まで勤務した。同年七月一八日、森川季四郎《きしろう》領事が赴任し、一九〇二年四月まで勤務した。同年七月一〇日、第三代領事として若松兎三郎《わかまつとさぶろう》領事が就任した。若松領事は領事館が閉鎖される一九〇六年一月三一日まで領事として勤務し、二月一日から木浦理事庁理事官として一九〇七年六月二七日まで勤務した。

木浦港の発展と日本人移住者

開港前の木浦人口は約五〇〇名の小さな漁村であった。開港以来、新しい潮流に乗ってビジネスチャンスをつかもうと全国から商人たちが木浦港に集まってきた。伝統的な社会構造から脱皮できず、保守的な体質が強く残っていた湖南《ホナム》（全羅道）地方において新潮流に対応するための様々な動きが芽生えていた。開港後、伝統的な両班《ヤンバン》支配体制から拘束されない、自由な世界、すなわち身分制が通用しない新世界へと変貌しようとする動きが始まった。彼らは開港場を通じて伝達される西洋の近代文明に接し衝撃を受けた。租界地を通じて日本の文化が輸入され、一方では、宣教師たちを通じて伝播された西洋文化にも影響を受けた。木浦は湖南地方では早い段階に宣教師たちによってキリスト教が伝えられ、キリスト教教会が建てられるとともに、近代的な学校が設立された。同時に、西洋の近代医学を取り入れた。このような時世において新しい市民層が形成され始めた。日韓協約の締結によって、朝鮮半島に対する日本の植民地政策が本格的になり、統監政治が始まると、韓国政府の外交権および内政権は完全に掌握され、韓国は日本の保護国となった。統監政治の下で、貨幣制度を日本の支配下に置き、日本人による土地取得が促進された。

穀倉地帯として知られる湖南地方に日本の土地資本が進出し、原料生産地および製品消費市場として活用するために木浦港の役割が重視された。日本の農業資本が湖南地方で農地買収をはじめ、開墾事業を開始した。これを受けて、多くの日本の農業移民がこの地方に移住を始めた。

表14－1　開港以来の木浦居住日本人の推移　単位：人

年　度	世帯数	男	女	合　計
1897	45	164	42	206
1900	218	544	350	894
1902	286	592	453	1,045
1904	329	792	650	1,442
1906	556	1,346	1,018	2,364
1908	764	1,567	1,296	2,863
1910	871	1,897	1,597	3,494
1912	1,350	2,849	2,474	5,313

出所：『木浦誌』1914年刊

新天地を求めて、それまで蓄積した資本と技術を携えて木浦近辺に家族とともに移住した日本人が増えた。日本全国から移住者が木浦に集まってきた。木浦開港を契機に一八九七年に二〇六名の日本人が木浦に移住し、一九〇二年には一〇〇〇名を超え、一九一二年には五三一三名に急増した。それからも日本人の木浦移住者は年々増加した。一九二四年の木浦府人口は二万三八五四名であったが、そのうち、朝鮮人一万六二七五名、日本人七三六八名、中国人一九一名、その他の外国人二〇名であった。日本人が木浦府人口の三〇％以上を占めていた。行政だけでなく、木浦の産業および町づくりも日本人が深く関わり、日本人中心に推進された。

木浦の各国居留地の地名は、領事館通、東海岸（一丁目〜四丁目）、南海岸（一丁目〜二丁目）、本町通（一丁目〜五丁目）、務安通（一丁目〜六丁目）、山手通（一丁目〜二丁目）などのように日本的な名前が付けられた。日本人だけでなく、各国人が混在している居留地に純日本式の町名を付けたのは木浦が始まりであった。朝鮮村は竹洞《ジュクドン》、陽洞《ヤンドン》、南橋洞《ナムギョドン》、湖南洞《ホナムドン》のように朝鮮式の洞を付けた。日本人居住地と朝鮮人居住地は区別され、日本人居住地優先の開発が進められた。水源地の築造、道路の拡張、病院の建設、公設市場の開設など生活環境の整備にも日本人の居住地が優先であった。これが植民地支配の実態であった。文明開化への出遅れに目を覚ました韓国の若者たちは生まれ故郷をはなれて海外に目を向けるようになった。

西洋文明をいち早く受け容れて、産業近代化を進めていた日本人は、文化の格差に基づく有利な条件にあった立場を利用して、木浦においても商業、交通運輸業、工業、農業など主要産業を中心に多様な分野にわたって植民地支配下にあって、木浦の経済を掌握していた。役所など公務に携わる職務は大部分日本人が担っていた。

表14―2は、一九二四年の日本の各地から集まった出身地別の木浦居住日本人数である。北は北海道から南は沖縄まですべての地域から集まってきた。中でも山口県が一二三四名で一番

表14－2　府・県別木浦移住者数（1924年末現在）　単位：人

東京	112	群馬	29	宮城	66	島根	286	大分	294
大阪	154	栃木	17	福島	71	岡山	252	佐賀	199
京都	92	奈良	72	岩手	14	廣島	444	鹿児島	180
神奈川	34	三重	50	青森	8	山口	1,234	熊本	342
兵庫	181	愛知	119	山形	21	和歌山	100	宮崎	39
長崎	887	静岡	47	秋田	54	徳島	109	北海道	13
新潟	62	富山	38	福井	45	香川	224	沖縄	5
埼玉	46	山梨	22	石川	65	愛媛	188		
千葉	25	滋賀	66	長野	68	高知	59		
茨城	20	岐阜	45	鳥取	93	福岡	677	総計	7,368

出所：『木浦案内』木浦商業会議所、1925年

多く、長崎県八八七名、福岡県六七七名、広島県四四四名、熊本県三四二名、大分県二九四名、島根県二八六名など、地理的に朝鮮半島に近い九州地方や中国地方出身者が多く目立っている。木浦居住日本人はその後も増加し、ピーク時は九〇〇〇名に上った。

木浦港の開港によって日本との交易が増大した。木浦周辺地域から米や綿花などの農産物を集めて日本に輸出し、日本の工業製品を積んだ船舶が到着すると、陸揚げして鉄道で全国各地に配送する中継港・貿易港としての役割であった。そのために輸送手段として鉄道が建設された。一九一四年に湖南線（大田《デジョン》—木浦間）が開通した。大田は京釜《キョンブ》線（京城—釜山間）の中間地点であることから、京釜線への連結が可能となった。湖南線の鉄道開通によって、羅州《ラジュ》平野などから農産物を木浦港に運搬し、船舶に船積みして日本向けに送り出した。また、日本から運んできた工業製品を内陸地方に輸送した。

また、木浦は朝鮮半島国道一号および二号の起点であ

る。国道一号は一九一一年に開通した木浦から京城（ソウル）経由で新義州《シンウィジュ》（中国との国境地帯にある都市）に至る朝鮮半島を縦断する幹線道路である。現在は南北分断のため軍事境界線を越えることができず、道路は途中で遮断されている。国道二号は木浦から康津《カンジン》・長興《チャンフン》・宝城《ボソン》・順天《スンチョン》・釜山を連結する朝鮮半島南部の横断道路である。

木浦を起点とする運輸・交通機関の整備によって木浦港の輸出入額は急増した。一八九七年の一万四六〇〇円から、一九一〇年には四三七万円となり、一九三八年には六〇〇〇万円を超えた。そのうち、対日貿易が五八七二万円（輸出四〇五〇万円、輸入一八二二万円）である。中でも大阪が三一三四万円と圧倒的に多く、木浦からの輸出の多くは米と繰綿であった。

植民地時代において木浦で手広く経済活動をしていたのは東洋拓殖株式会社である。同社は、一九〇八年に朝鮮における資源開発産業振興を目的として設立され、植民地支配の先兵として豊富な資金力を武器にして全国的に土地買収を展開した会社である。東拓は一九二〇年に資本金五〇〇〇万円で木浦支店を設立し、木浦周辺で水田七〇㎢を含む一〇〇㎢の土地を買い占めた。東拓は事業部と金融部を置き、土地買収だけでなく、金融業も広く展開した。

東洋拓殖株式会社木浦支店の建物は現在木浦近代歴史館二館として保存し、歴史の遺物として公開されている。

日本政府による高下島買収顛末

朝鮮半島をめぐって日露の対決が激しくなり、高下島《コハド》の戦略的価値を重視していた日露両国は秘密裏に土地買収合戦を繰り広げていた。日本政府は一八九八年一〇月、長崎市出身の商人渋谷達郎の名義を借りて高下島全島を九万円で買収した。買収金九万円は在韓国臨時憲兵隊の臨時軍事費機密費から支払われた。国費をもって予算措置されたものである。この件に関して「韓国木浦の対岸にある高下島買収方の件」が一八九八年一〇月一二日に閣議決定されている。外務大臣官房会計課長によって九万円の受領証が発行されており、その受領証の写本が防衛研究所戦史センターに保存されている。

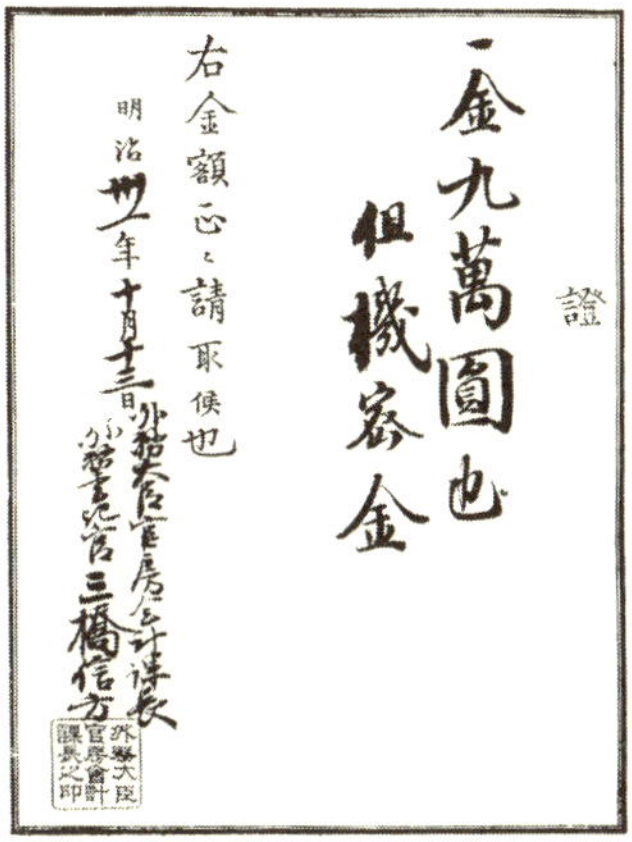
證
一金九萬圓也
但機密金
右金額正ニ請取候也
明治卅一年十月十三日 外務大臣官房会計課長
外務書記官 三橋信方

高下島買収金の受領書（外務大臣官房会計課長発行）（防衛研究所所蔵）

高下島土地買収に関して現地木浦領事および京城駐在韓国公使と外務大臣の間の交換文書があり、外務大臣、陸軍大臣、海軍大臣、大蔵大臣および内閣総理大臣の間の交換文書や閣議決定に至るまでの政策決定過程を記録している秘密文書が公文書の公開によって明らかになっている。

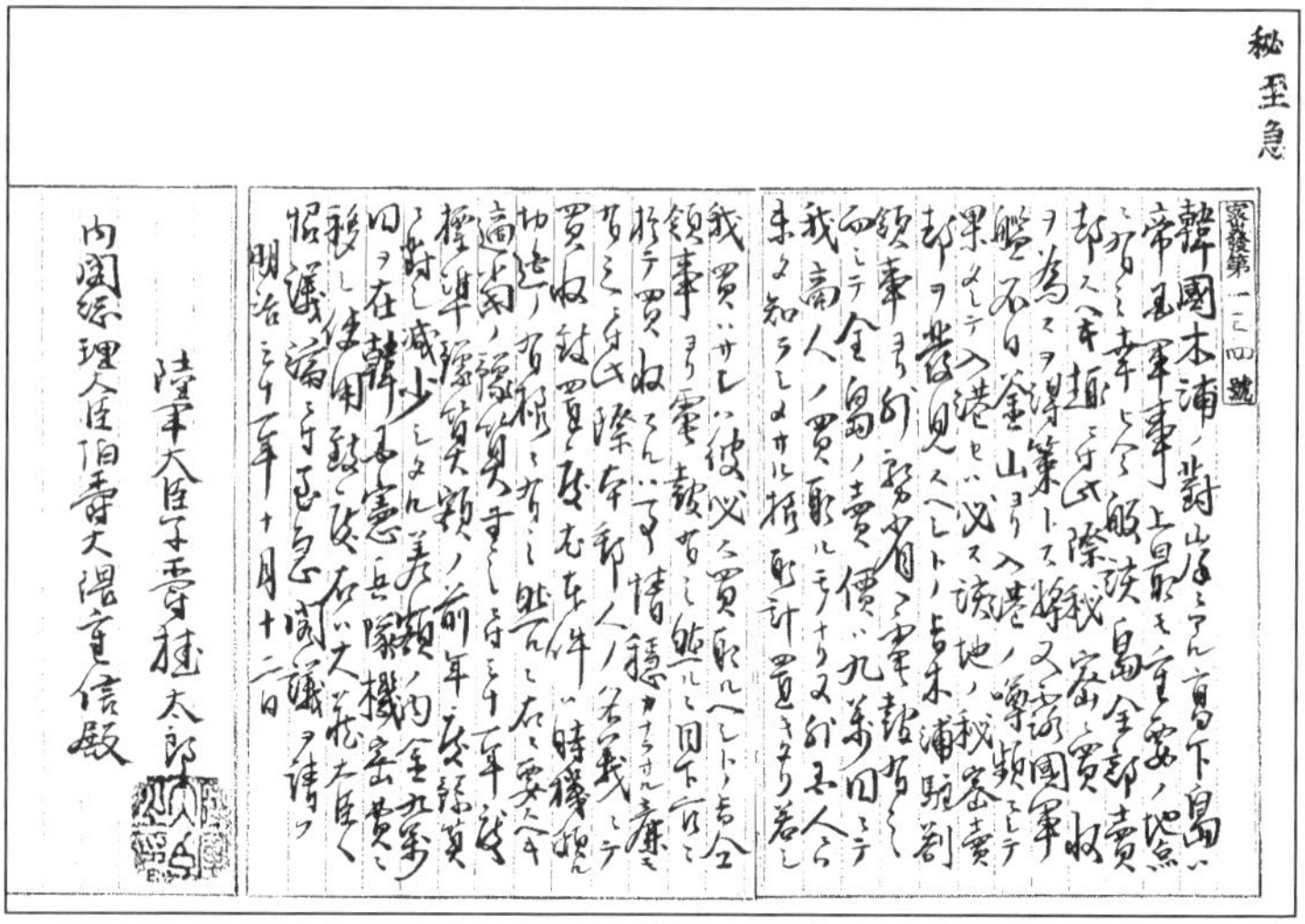
秘 至急

密發第一二四號

韓國木浦ノ對岸ニアル高下島ハ帝国軍事上最モ重要ノ地点……

明治三十一年十月十二日

陸軍大臣子爵桂太郎

内閣総理大臣伯爵大隈重信殿

陸軍大臣桂太郎より内閣総理大臣大隈重信宛の機密費使用に関する閣議開催要請書（国立公文書館所蔵）

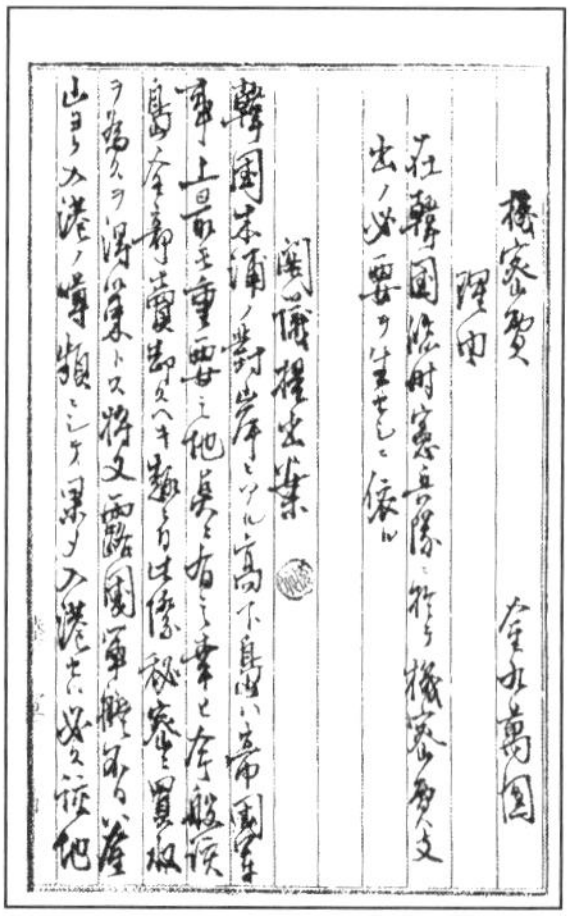
機密費 金五万円

理由

在韓国臨時憲兵隊ニ於テ機密費支出ノ必要ヲ生セシニ依ル

閣議提出案

韓国木浦ノ對岸ニアル高下島ハ帝国軍事上最モ重要ノ地点……

在韓国臨時憲兵隊機密費に関する閣議提出案（防衛研究所所蔵）

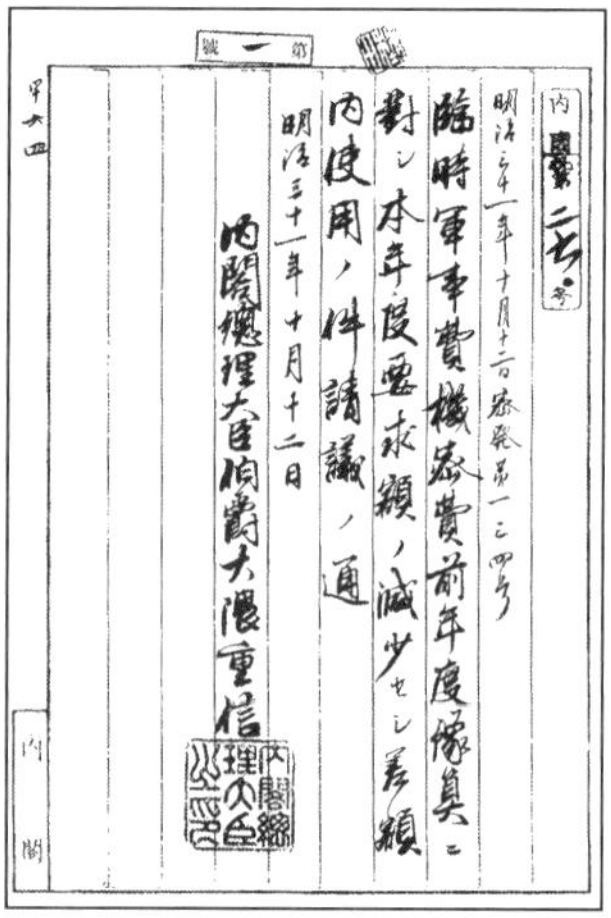
第一號

臨時軍事費機密費前年度残高ニ對シ本年度要求額ノ減少セシ差額内使用ノ件請議ノ通

明治三十一年十月十二日

内閣総理大臣伯爵大隈重信

内閣総理大臣の臨時軍事費機密費使用に関する公布書（防衛研究所所蔵）

日露戦争に関わる重要な資料は第二次世界大戦の敗北後、ほとんど焼却された。しかし、戦時中米軍が直接収集したか、または戦後進駐軍によって陸海軍機関から押収した記録文書がワシントン郊外フランコニヤ等の記録保管所に保管されていたものを米国務省に対する日本政府の返還要求に応じ、一九五八年に日本側に引き渡された文書のうちの一つである。

高下島の土地獲得は軍事戦略上必要であったが、日本政府名義で買収することはできないので、民間人名義で買収するという方法を採ったことから、民間人が中に入り、朝鮮人の仲売人から全島一括して買い取ったため、トラブルが発生した。

民間人に依頼して秘密裏に進められた買収作業であったが、ロシア人が同様に高下島土地買収のために動き、すでに一部の土地を買い取り、契約書を取り交わしたにもかかわらず、同じ土地を日本人にも二重に売買したことが後に判明した。駐韓ロシア公使より韓国政府に対し、地券交付申請したことから問題が発覚した。調査の結果、高下島内の韓国人三人名義の土地約一〇〇〇坪がロシア人に売り渡され、三人の名前が売買証文に記名されていたことから、二重売買であることが判明した。

結局、高下島買収に関しては「故障」があったことを日本政府自ら認め、高下島全島一括買収という従来の政府方針を撤回し、すでに獲得した土地以外の土地に関しては、所有者李允用《リユンヨン》と日本側の名義人渋谷達郎との間で三〇年間期限付きの借地契約を結び、ロシア人が買収した約一〇〇〇坪は除くことで解決した。しかし、後味の悪い出来事であった。

一九〇四年六月一八日、福岡居住の大内暢三《ちょうぞう》より農事試験のため高下島を借用したいという「官地借用願」が提出され、若松領事より小村寿太郎《こむらじゅたろう》外務大臣宛「高下島貸与方に関する件」の報告があり、外務大臣、陸軍大臣、海軍大臣の承諾を得て、承認された。使用許可に当たっては、以下の条件が付された。

一、日本政府において同島を必要とする時は何時でも無償で返付すること。

二、借用中借地料を納付すること。一九〇五年より一九〇六年までは年五〇円、一九〇七年一〇〇円、一九〇八年一五〇円、一九〇九年以降年三〇〇円。

三、他人に転貸せず、税金公課は借用人が負担すること。

高下島は終戦まで日本政府の代理人が管理していた。日本の敗戦によって、日本人が所有していたすべての国・公・私有財産は米軍政当局によって没収され、管理されていたが、一九四八年大韓民国政府樹立に伴って、韓国政府に移管された。その過程でさまざまな形態の資産譲渡などが行われたが、基本的には国有財産に組み入れ、払い下げなどで処理された。高下島土地もその一環として処理された。

木浦に残る日本の遺跡

日本人移住者の増加に伴って、各種宗教も進出し布教活動した。松島公園には松島神社が建てられた。仏教界では、真宗東本願寺、真言宗大師寺、浄土宗浄土寺、真宗西本願寺、日蓮宗統照寺などが別院、または出張所を設置した。

日本のキリスト教の木浦伝来は、一九一二年に日本基督教会伝道局より木浦が指定伝道地に指定され、竹内虎也《とらや》牧師を派遣したのが始まりである。竹内牧師は日本人を中心に布教をはじめ、木浦だけでなく、栄山浦《ヨンサンポ》や光州《クァンジュ》地方にも出かけて伝道活動を行った。教勢拡張に伴って、一九二二年に日本基督教木浦教会堂が建立された。一九二六年には伝道局の補助を辞して独立し、教会堂を増築した。木浦教会の発展を財政的に支援したのは朝鮮銀行木浦支店に勤務していた若松元四郎《もとしろう》であった。

キリスト教の進出は日本より先に、米国南長老教宣教会ユージン・ベル（Eugene Bell）宣教師が一八九八年に木浦で布教活動をはじめ、木浦陽洞《ヤンドン》教会を設立した。当時、木浦には外部から移住してきたキリスト教徒がいたことから、彼らの協力を得て教会が順調に設立された。米国南長老教宣教会は一九〇三年九月にミッション・スクールとして木浦貞明《チョンミョン》女学校を設立した。同校は学校方針として神社参拝を拒否したという理由で、総督府によって一九三七年九月三日に強制閉校された。一九四七年九月に復校し、現在、木浦貞明女子中学校・高等学校として存続している。同時に、木浦貞明女学校と姉妹校として、一九〇三年九月、南長老教宣教会によって木浦永興《ヨンフン》学校が設立された。木浦永興学校も神社参拝を拒否したという理由で、一九三七年九月に強制閉校されたが、一九五二年三月に復校した。現在、永興中学校・永興高等学校と名称変更し、伝統ある私学の名門とし

「朝鮮陸地棉発祥之地」石碑の展示室

て後進の教育を担っている。

日本人による教育機関としては、一八九七年に木浦公立普通学校が設立され、一八九八年一一月には木浦公立尋常高等学校が設立された。一九二〇年三月に設立された木浦公立商業学校は、金大中《キムデジュン》元大統領の母校である。また、一九二〇年五月には木浦公立高等女学校が設立された。

こうした歴史を背景に、木浦には植民地時代の遺物が現在も多数残っている。旧日本領事館、東洋拓殖株式会社木浦支店、湖南銀行木浦支店、東本願寺木浦別院、木浦公立尋常小学校（現在の儒達《ユタル》小学校）、内谷萬《うちたにまん》平《ぺい》邸宅（現在、李勲東《リフンドン》庭園）、「朝鮮陸地棉発祥之地」石碑などが歴史的な文化財として保存されており、旧日本人町の日本人家屋も残っている。

旧日本領事館は木浦近代歴史館一館、東洋拓殖株式会社木浦支店は木浦近代歴史館二館として保存し、木浦の歴史を紹介する様々な展示物が展示されている。

弘法大師像

「儒達山八十八所霊場」の標識

木浦を象徴する儒達山《ユタル》最高峰の一等峰《イルトンバウィ》付近に〝弘法大師《こうぼうだいし》像〟と〝不動明王《ふどうみょうおう》像〟がある。植民地時代に日本の仏教徒たちによって景観風致の良い儒達山山頂の巨大な岩に刻まれたものである。その付近に「儒達山八十八所霊場」が設置され、巡礼コースが一九二八年に完成された。「四国八十八か所霊場」の木浦版である。「四国八十八か所霊場」は、真言宗の開祖・弘法大師ゆかりの八十八の礼所のことで、四国をほぼ一周するように点在している。弘法大師が巡礼したという八十八か所の霊場を訪ね歩く巡礼の旅を「お遍路」といって、日本人は古くから親しんできた。

　儒達山八十八所霊場は戦後ほとんど破壊されたが、〝弘法大師像〟と〝不動明王像〟だけは残っている。巡礼コースの所々に八十八か所の痕跡がある。八十八所霊場のうちの一つ、二二番と書かれている仏像が木浦文化院に保存されている。唯一の証拠なのだ。「儒達山八十八所霊場」の標識も現存せず、写真だけ残っている。現在は儒達山登山コースとして多くの人が訪れているが、木浦版八十八か所霊場の存在については知らない。木浦市は、現存の〝弘法大師像〟と〝不動明王像〟と合わせて、「儒達山八十八所霊場」の巡礼コースを再現して観光スポットにしようと企画している。

一九九〇年代に恥の痕跡をなくそうという動きが出て、撤去作業が進んでいたが、〝弘法大師像〟と〝不動明王像〟の撤去を請け負った業者が悪夢をみて、作業を引き延ばしたことから撤去を免れ、現存しているという話がある。しかし、破壊したからと言って歴史から消えるわけではない。歴史の生きた教育材料としてそのまま残した方が良いという考え方もある。

木浦近くの霊巌《ヨンアム》には、応神天皇の招聘を受け百済《くだら》から論語や千字文を日本に伝え、飛鳥文化の祖と言われた王仁《わに》博士の史跡がある。慈覚大師圓仁《えんじん》の求法の旅を支援し、新羅《しらぎ》・唐・日本を結んだ東アジアの海上貿易王・チャンボゴの生まれた莞島《ワンド》や《海が割れるのよ　道ができるのよ　島と島がつながる》という歌詞で始まる天童《てんどう》よしみの『珍島《ちんとう》物語』で知られる現代版モーセの奇跡と言われる「神秘の奇跡」（海割れ）がある珍島《ジンド》、高麗青磁の産地として有名な康津《カンジン》など、文化施設、観光施設が周辺に散在しており、多島海の自然である海の光景は限りなく広がっている。

木浦から三〇㎞ほど離れた多島海に囲まれた地域の八口浦《パルクポ》・玉島《オクド》は日露戦争の前進根拠地として使用された場所で、東郷平八郎《とうごうへいはちろう》連合艦隊司令長官が数週間滞在しながら、日露戦争の緒戦のとき、陣頭指揮した場所である。玉島には日露戦争準備のために、佐世保－玉島間の海底電線敷設や朝鮮半島最初の気象観測所が設置された。また、八口浦防備隊が設置されるなど、日露戦争の隠れ場所であった。玉島にはその痕跡が残っている。今まであまり知られていない歴史上の場所である。

戦争孤児三〇〇〇人の母・田内千鶴子と木浦共生園

木浦には、朝鮮戦争で父母を亡くした三〇〇〇人の孤児を育て上げた田内千鶴子《たうちちづこ》（韓国名尹鶴子《ユンハクジャ》）の社会福祉施設の木浦共生園《コンセンウォン》がある。

一九二八年、韓国人青年の尹致浩《ユンチホ》というキリスト教伝道師が、身寄りのない七人の子供たちを連れて帰り、木浦の片隅で共に暮らし始めた児童養護施設が木浦共生園の始まりである。人々はこの青年に対し親しみを込めて「乞食大将」と呼んだ。高知県生まれの田内千鶴子は朝鮮総督府の官吏であった父親に連れられ、木浦に移り住んでいた。母親は熱心なキリスト教徒の助産師であった。千鶴子は木浦高等女学校を卒業して、木浦貞明女学校音楽教師をしていた時、女学校時代の恩師から共生園に行ってボランティア活動をするように勧められ、ボランティア活動をするうちに恋仲となり、二人はやがて結ばれ、共生園の共同経営者となった。周囲の反対を押し切って二人は結婚した。一人娘の千鶴子と結婚するために尹致浩は田内家の養子となった。

一九四五年八月は、若い二人にとって過酷な試練であった。日本の敗戦によって韓国は独立した。

尹致浩・田内千鶴子の結婚写真

尹致浩は日本人妻を持つというだけで迫害された。暴徒が押し掛けてきたとき、「僕たちのお父さん、お母さんに手を出すな！」と園児たちが泣きながら抗議して守ってくれた。

一九五〇年、朝鮮戦争が勃発し、混乱のさなかで尹致浩は五〇〇〇人の孤児たちの食糧費を工面するために出かけたまま、戻らなかった。千鶴子は行方不明になった夫の代役を務め、戦争孤児の子供たちを一人で養育した。千鶴子は日本人であるため、虐められることもあったが、夫の出自を尊重し、韓国人になりきって、尹鶴子としてチマ＝チョゴリ姿で韓国語だけを使用する園児たちのオモニ（母）であった。三〇〇〇人の戦争孤児を世話した。

千鶴子の献身的な共生園の運営に木浦市民だけでなく、韓国政府も心を動かした。創立二〇周年の時、村人によって記念碑が建てられ、政府官庁から数多くの感謝状や表彰状を受け、また、韓国最高の賞「大韓民国文化勲章」が授与された。

数百人の園児たちの世話で心身ともに疲れ切った千鶴子は重病で倒れ、一九六八年一〇月三一日、五七歳で永眠した。死の直前、朦朧《もうろう》とした意識の中で千鶴子が長男・尹基《ユンキ》にもらした一言は「梅干しが食べたい」であった。それまで韓国語しか話さず、孤児たちの母として気丈にふるまっていた母が日本人女性に戻っているのを尹基は感じ、衝撃を受けた。この経験がのちの彼の活動の原動力になった。

葬儀は木浦市民葬として木浦駅前広場で行われた。当時の新聞は「お母さん！　幼い私たちを置き去りにしてどこに行かれるのですか？　孤児たちの泣き声に港町木浦が泣いた」(『朝鮮日報』一九六八年一一月三日）と報道した。市民葬には三万人の市民が参列した。共生園で育った一七歳の少年の追悼の言葉を紹介しよう。

日本に故郷を持っていながら、言葉も風俗も違うこの国に、あなたは何のためにいらっしゃいましたか。四〇余年前、弾圧政治が続いていた日本の植民地時代に、泣きながらひもじさを訴えていた孤児たちを集め、あなたは学園をつくりました。自分でご飯を炊いて、子供たちに食べさせました。着物のない者には、着物を縫ってやりました。

孤児と乞食の間で、骨身を惜しまず、世話をして下さったお母さん。あらゆる苦難を乗り越えて、誰もまねの出来ないようなキリスト教精神に生きられたのを、どうして私たちが忘れましょう。あなたの韓国語は、たどたどしいものでした。でも、その声、お母さんの匂い、愛で一杯だったあなたの目を、いま、どこで探せばいいのでしょう。お母さん！

（『世界』二〇〇九年七月号より）

田内千鶴子の生涯「愛の黙示録」が韓日合同映画として制作され、一九九五年、日本で上映され、文部省選定、厚生省文化財特別推薦などを受けている。また、日本映画批評家アジア親善作品賞などを受賞した。「愛の黙示録」は一九九九年には韓国で上映され、日本の大衆文化韓国解禁第一号許可作品となった。「愛の黙示録」が韓流ブームの先駆けであった。

日韓合同劇映画「愛の黙示録」ポスター

田内千鶴子の生涯「愛の黙示録」の制作・上映を機に、一九九七年一〇月、田内千鶴子の偉業を讃える記念碑が生誕地・高知市若松町に建てられた。記念碑の石は「千鶴子さんが生涯を捧げた木浦の石を使いたい」という記念碑建設期成会の希望で、高さ二・八五メートル、重さ一〇トンの石材が木浦から運ばれた。除幕式には木浦共生園の園児や卒業生を含む二五〇名の訪問団が参加して盛大に行われた。

二〇〇八年八月一〇日、木浦共生園開設八〇周年記念事業が木浦で行われ、日本から小渕恵三元総理の令夫人・小渕千鶴子女史などが参加した。小渕元総理は二〇〇〇年三月、田内千鶴子が生前、「梅干しを食べたい」と話したことに感銘し、総理在職中に梅の木二〇本を寄贈し、いずれ訪問したいと約束したが、果たせず、病に倒れ永眠した。小渕千鶴子夫人の訪問は小渕元総理が果たせなかった約束を代わりに実現するためであった。

二〇一二年一〇月、田内千鶴子生誕一〇〇周年記念および「世界孤児の日」推進大会がソウルと木浦で開催され、日韓両国から大勢の人が参加した。田内千鶴子がかけた日本と韓国の架け橋を後継者たちがさらに繋いでいる民間外交のモデルである。

田内千鶴子の長男・田内基《もとい》（韓国名・尹基）の「身寄りのない在日韓国老人が入居できるキムチが食べられる老人ホーム」建設の呼びかけに賛同した日本の各界の有志が発起人となって、一九八五年に「在日韓国人老人ホームを作る会」（初代会長金山政英元駐韓日本大使）が発足され、一九八九年に日韓両国の高齢者が一緒に暮らす、初めての日韓共生の老人ホーム「故郷の家」が大阪府堺市で誕生した。それから大阪、神戸、京都に開設され、二〇一六年一〇月、東京都江東区に「故郷の家・東京」が開設された。社会福祉法人こころの家族田内基理事長は日本全国に一〇か所の在日韓国人老人ホームの建設を目指している。

田内千鶴子の遺志を受けて、「木浦共生園」と「故郷の家」は日本と韓国の交流の場、共生の場として架橋の役割を果たしている。支援者があってこそ可能な社会福祉事業である。

木浦高下島が〝綿花の島〟に生まれ変わる

高下島は木浦港の対岸にある面積一・七八㎢の小さな島である。現在は木浦大橋が建設され、木浦と海上橋でつながっているため、自動車で容易にアクセスできることから、あらたな観光地として浮上した。高下島といえば、豊臣秀吉の朝鮮侵攻（文禄の役）の時、日本水軍を撃破して制海権を握った名将李舜臣《リスンシン》将軍の重要な戦略地であり、李舜臣の遺跡「李忠武公《リチュンムコン》記念碑」がある。その近くに「朝鮮陸地棉発祥之地」記念碑がある。この記念碑は一九〇四年に若松兎三郎木浦領事が朝鮮半島で最初に米国種陸地綿を試作した場所に、一九三六年に綿花奨励三〇周年を記念して建てられた。戦後所在不明であったが、二〇〇八年に元の場所に戻された。現在は無花果《いちじく》畑の片隅にある。

高下島は軍事戦略上の要衝であることから、日露両国が高下島全島の土地買収を巡って争奪戦を展開したこともあるほど歴史的な意味合いのある土地である。陸地綿の発祥地としての高下島に関心が高まる中で、木浦市は高下島の観光地化を推進している。そのために、二〇一三年から造成された二万二〇〇〇㎡の綿花畑を一二万㎡に拡大して綿花団地にする計画が朴洪律《バクホンリュル》現市長の意欲的な構想で進んでいる。市民が直接綿花に触れ合える体験型観光スポットにし、パンやクッキーなど綿実を活用した食品の開発など商品化を図っている。また、綿花畑周辺に二・五㎞の綿花道路を作るとともに、綿花栽培を高下島全島に広げるために、地元農民に綿作を奨励し、綿花ブームを再現しようとしている。

一九七〇年代頃まで朝鮮半島のどこにもあったような綿花畑が田園いっぱい広がっていた彩とりどりの綿花の花がほとんど見られなくなった今日、懐かしい思い出を持っている老齢層だけでなく、綿花の花を見たこともない若い世代にも直接触れ合い体験することによって自然に優しいという綿花のイメージアップをねらうプロジェクトが進行している。高下島を〝綿花の島〟にするための一大プロジェクトである。

これに併せて、観光客誘致の目玉として木浦儒達山から高下島まで三・三六km（海上〇・八二km、陸上二・五四km）の海上ケーブルカーが建設中である。二〇一八年春完成予定で、韓国最長の海上ケーブルカーとなるということから、話題になっている。儒達山と高下島を海上で連結するケーブルカーに乗って、木浦港の全景と市街地を一望できる観光コンテンツとなりそうである。

若松兎三郎は木浦高下島に米国種陸地綿を試験栽培した時、綿花の白い華が平和のイメージであることから、陸地綿試作地高下島を平和の島にしたいという希望を抱いていた。その希望が叶う第一歩になれば幸いである。高下島の〝綿花の島〟計画が実現すれば、高下島全島が真白な綿に包まれる風景が想像できる。高下島が平和の島となり、陸地綿試作者・若松兎三郎が架橋の役割となって韓国と日本の「共生」のための道標になることを期待したい。日韓共生は若松兎三郎の叫びである。

参考文献

【公刊資料】

『下村先生追憶録』若松兎三郎、昭和一三年
『新島先生記念集』同志社校友会刊、昭和一五年
『新島先生書簡集』同志社校友会刊、昭和一七年
『朝鮮総督府勧業模範場木浦支場報告』第三号、明治四四年
『朝鮮綿業株式会社沿革史』浦上格編、大正六年
『陸地棉栽培沿革史』陸地棉栽培十週年紀年會、大正六年
『朝鮮ノ棉花』朝鮮殖産銀行調査課編、昭和元年
『朝鮮の綿花事情』社団法人日満綿花協会朝鮮支部、昭和一二年
『朝鮮総督府農事試験場二拾五周年記念誌』上巻、朝鮮総督府農事試験場編、昭和六年
『木浦誌』木浦誌編纂会編、大正三年
『木浦案内』木浦商業会議所編、大正一四年版
『木浦府史』木浦府編、昭和五年
『木浦商工会議所統計年報』昭和一四年版

『木浦新報』昭和一一年八月二七日
『釜山府勢要覧』大正一三年
「株式会社仁川米豆取引所沿革」『社史で見る日本経済史、植民地編』第二六巻、二〇〇四年
『朝鮮専売史』第三巻、朝鮮総督府専売局編、昭和一一年
『近代朝鮮における塩需給と塩業政策』一橋大学博士論文、田中正敬、二〇〇〇年
『日露海戦史の研究』(上)、外山三郎、教育出版センター、一九八五年
『「明治」という国家』司馬遼太郎、日本放送出版協会、一九八九年
『玖珠町史』(上・中・下巻)、平成一三年
「[明治三七年二月〜八月 聯合艦隊司令長官東郷平八郎日記]について」『明治聖徳記念学会紀要』(復刊第四六号)、堀口修、平成二一年一一月
『岡本神草「拳の舞妓」への軌跡展 図録』星野画廊、二〇〇八年
『綿の花とその日本人――外交官若松の韓国二六年』(韓国語)、金忠植、メディチメディア、二〇一五年
「大韓帝国後期日帝の農業殖民論と移住殖民政策」鄭然泰、『韓国文化』一四号
『仁取盛衰記』鳥栖忠安 www.isi.or.kr/data/b_data/仁川学資料叢書第13号原稿.pdf
同志社大学ホームページ

【未公刊資料】
「韓国ニ於ケル米国種棉花試作ニ関シ在木浦領事ヨリ報告ノ件、明治三十七年」(外交史料館)
「木浦/全羅南道事情報告書提出ノ件」(外交史料館)

「韓国荒蕪地開拓権取得ニ関シ交渉一件附韓国荒蕪地拓殖案ニ関シ衆議院議員質問ノ件」（外交史料館）
「木浦地方ニ於ケル製塩業ニ関シ在同地領事ヨリ報告ノ件」明治三十七年八月（外交史料館）
「韓国塩業関係雑纂」（外交史料館）
「布目海軍少佐韓国八口浦出張ノ件」（外交史料館）
「明治三一年以来　韓国高下島　同釜山附近　同南大門地所編冊　機密　陸軍省」（防衛研究所）
「明治三二年以来韓国木浦地所編冊　機密　陸軍省」（防衛研究所）
「日露戦役ノ際韓国ニ於ケル帝国ノ軍事経営一件」（外交史料館）
「明治三七年　外務省　高下島貸与に関する件」（防衛研究所）
「臨時軍事費機密費前年度予算ニ対シ本年度要求額ノ減少セシ差額ノ使用ノ件」（国立公文書館）
「臨時気象観測ノ為中央気象台ニ臨時観測技手ヲ置く」（国立公文書館）
「韓国釜山木浦仁川鎮南浦及元山津ノ五箇所ニ測候所ヲ設置ス」（国立公文書館）
『極秘　明治三十七八年海戦史』、海軍軍令部編、（防衛研究所）

むすびに代えて

第二次世界大戦の終戦によって韓国が日本の植民地支配から解放されてから七二年が経過し、日韓国交正常化から五二年が経つ。終戦直後の経済状況を考えれば日韓両国とも驚くほど飛躍的な経済発展を成し遂げ、国際社会において重要な位置を占め、今日まで重責を担ってきた。しかし一方では、東アジア地域は冷戦構造がまだ終わらず、対立関係がより激しくなり、緊張が高まっている。そんな時だからこそ、東アジア地域の平和と安定のためには日本と韓国の役割は極めて大きい。しかも両国が別々に対応するのではなく、連携し協力することによってより大きな力が発揮できるのである。

二〇〇二年のサッカー・ワールドカップ共同開催を契機に日韓両国間の相互交流が進展し、両国間を往来する人が年間七四〇万人（二〇一六年）に達した。二〇一八年の平昌《ピョンチャン》オリンピック・パラリンピック、二〇二〇年の東京オリンピック・パラリンピックなどの大イベントが控え、この勢いで行くと年間一〇〇〇万人以上が両国を往来することが見込まれている。観光、ビジネス、大会参加など様々な目的により相互訪問することによって交流が進展し、歴史、文化、習慣、国民性などの違いを理解する機会が得られる。異文化に触れ合うことで、世界には異なる文化があるという認識が形成され、異文化を体験するなかで、自分たちの伝統文化の優れているところを改めて感じるようになり、相手の文化も理解することになる。交流を通じて理解し合い、尊敬し合うことで、良き隣人関係へと発展するのである。

グローバル化が進行しているなかで、日韓両国においても経済、文化、芸術、スポーツなど幅広い分野で交流が進展している。両国を往来する人が増加しているだけでなく、一六一組（二〇一六年一一月現在）の地方自治体が姉妹都市を結び、地方レベルでの交流も進行している。

しかしながら、近年において歴史認識問題が再燃し、両国関係は冷え込んでいる。その上に、北朝鮮の核・ミサイル開発の脅威が高まり、一歩間違えば大惨事が起こりかねない緊張状態が続いている。北朝鮮の核・ミサイル問題になると、日本と韓国は蚊帳《かや》の外に置かれ、米朝間の駆け引きが先行している。しかし、万が一でも事が起これば、最も被害を受けるのは韓国と日本であるということを認識しなければならない。「危機こそチャンスである！」。いまこそ日韓両国は手を取り合い、肩を並べて、地域の平和と安定および繁栄のための行動をとるべきであると進言したい。

日韓両国は連携し、東アジア地域において核・ミサイルの使用は絶対に認められないという毅然たる態度を示す一方、条件なしの対話を呼びかけ、北朝鮮だけでなく、米国、中国、ロシアなど関係諸国に平和的な手段で解決策を模索するよう働きかける必要がある。

中断されていた日韓の首脳間の交流も韓国における政権交代によってようやく対話の兆しが見え

始めている。両首脳は大局的な見地から両国関係の重要性を考え、自国のみの利益ではなく、共に利益が得られる共生への道を探るべきである。首脳間のシャトル外交を推進し、信頼関係を醸成することから始め、未来志向の発展を目指して実現可能なことから実施していくことである。信頼関係を構築し、交流を拡大するために首脳自ら率先して真摯に取り組む姿勢を示す必要がある。歴史認識の隔たりを埋めるためには日韓両方が一歩ずつ下がり、未来志向という観点で話し合い、解決点を見つけるための工夫をすべきである。解決できないことから発生する国益の損失を考えなければならない。先を見て賢明な判断ができるリーダーシップが求められているのである。

日韓両国の関係改善が進展し、連携による協力関係が機能すれば、東アジア地域の平和と繁栄に寄与するだけでなく、世界平和への貢献となる。二一世紀はアジアの時代と言われて久しい。その中心的な役割を担う立場にあるのは言うまでもなく日本と韓国である。

明治時代の外交官で、韓国で活躍した若松兎三郎《わかまつとさぶろう》に強い関心を持つようになったのは、韓国木浦《モッポ》と日本との関係を調べるうちに、木浦高下島《コハド》に建っている「朝鮮陸地棉発祥之地」記念碑の存在と若松兎三郎という日本領事が米国種陸地綿《りくちめん》を導入し、朝鮮半島全地域に普及させたという事実を知ってからである。若松兎三郎とはどういう人物なのか興味を持ち、古い文献や外交記録などを調べてみた。陸地綿という新綿種を導入して発展させた外交官であり、若松の努力によって綿業が栄え、一世を風靡する主要産業となったことを知った。しかし、産業発展への貢献という歴史的な事実があるにもかかわらず、戦後に書かれた韓国の文献には若松兎三郎の名前はなく、陸地綿の存在さえ消えていることに気づいた。

陸地綿は日本国領事若松兎三郎によって導入され、棉花栽培協会の支援を受け、国策によって推進された経緯があり、綿花栽培の改良指導および綿種子の配布など日本人主導で綿作が行われていたことから、韓国では収奪のための綿作奨励政策であるという認識が強く残っていた。日本の敗戦によって綿作の主体であった日本人が引き揚げたことによって、綿関連産業も影響を受け、綿作は減産せざるを得なかった。その上に、一九六〇年代以降新素材合繊の登場があった。華々しく登場したナイロンやポリエステルなどの化繊製品と比べて、手作業を必要とし、労働力が必要な綿製品は競争力の弱さから、徐々に衰退した。現在、韓国の農村で綿花の姿は完全に消えている。一部観光用として栽培しているにすぎない。

陸地綿の栽培以前はアジア綿という在来綿が広く普及していた。しかし、在来綿は陸地綿と質の上で競争にならず、一九四二年の段階で全地域において消滅状態であった。終戦・解放を迎えた韓国において植民地時代のことは忘れようとする人々の記憶の中には在来綿のことだけ残っており、陸地綿のことは記録がなく、記憶から遠のいていた。したがって、陸地綿を導入した若松兎三郎など知る余地もなかった。

若松兎三郎の木浦領事時代に外務省に送った外交記録を調べているうちに、木浦地方の地理的条件と気候などを調査し、〝陸地綿〟と〝天日塩《てんぴじお》〟の開発に情熱を持って取り組んでいた事実を発見した。実際に、この二つは若松によって産業化され、韓国の主要産業として発展した。その実績に対する評価は別として、事実関係を明らかにし、記録として残すべきであるという思いから若松兎三郎に関する研究を始めたのである。

日本国領事若松兎三郎に対する韓国側の評価は依然として厳しい見方がある。日本の領事として日本の国益のために収奪の手段として綿花を栽培し、植民地収奪政策を忠実に推進したに過ぎないという見方である。そのような雰囲気の中で、綿作の改良と天日塩の生産が結果として韓国の産業発展に寄与したとすれば、韓国人の生活向上に貢献したことになり、それなりの評価をすべきであるという動きが現れた。歴史問題を偏狭なナショナリズムの視座で見るのではなく、事実をありのまま観察して、評価すべきことは評価しようとする考え方である。

若松兎三郎は木浦領事を務めた後、統監府時代に木浦理事官、元山《ウォンサン》理事官、平壌《ピョンヤン》理事官を歴任し、日韓併合後、釜山府尹《ふいん》（現在の市長に当たる）として、地方行政官として働いた。外交官であった若松は統監府設置によって公使館および領事館が廃止された時、本来であれば外務省のポストに異動することになるが、木浦領事勤務時、全羅南道《チョルラナムド》地域の産業開発に熱心に取り組んでいた情熱が認められ、伊藤博文統監はじめ、統監府上層部から、外務省復帰を断念して朝鮮に留まって尽くしてもらいたいと懇望され、木浦理事官に転任した経緯がある。この時の人事異動が若松にとって生涯における分かれ道であった。

若松は推進している産業開発が日本の国益となり、同時に現地の人々の生活向上に役立つのであれば、それも自分の運命であると考え、残留を決意した。

若松の生涯において歴史に残るような業績といえば、木浦領事時代に推進した事業ぐらいである。領事時代は外交官身分であったことから、所信を持って自らの意志で開発事業に取り組むことができた。しかし、統監府時代から植民地支配が本格的に進むにつれ、多様な価値観を持ち、人道主義および文治主義の理念を持っている若松とは相容れない方向へと進んでいた。地方行政官時代は高官として与えられた任務を遂行するだけであった。この時期は苦悩に満ちた役人生活であった。特に、釜山府尹時代は「異分子の如き立場に置かれた」と『自己を語る』において述懐している。

超難関の外交官試験に優秀な成績で合格し、エリート外交官としてスタートした割には外交官としては領事職、地方行政官の釜山府尹止まりであった。本人はきっと不本意であったに違いない。木浦理事官への転任は間違いであったと子孫たちに語っていたようである。

若松は植民地支配下においても同志社時代に養われた思想および哲学が根底にあり、良心的な日本人として行動しようとした。このような若松の心情が韓国人社会でどのぐらい理解されていたかは疑問である。むしろ日本に帰ってから、京都の在日韓国人たちの人権擁護のために走り回り、京都府知事や警察部長などに陳情していた事実から、若松の心の一端を読み取れるであろう。

明治時代の先覚者・若松兎三郎が日韓共生を夢見て、両国間の橋渡し役をしようと懸命に努力していたことが一〇〇年以上経過した今日においてどのような意義があるだろうか。若松兎三郎を題材にして、若松兎三郎の生涯をたどり、関連の記録などを収集して可能な限り紹介した。多数の公的記録が含まれているため、当時の時代的、社会的背景を理解する上で、参考になるだろうと考える。そのような時代的な背景の中で、若松の生き方について推察してもらえれば幸いである。

若松兎三郎を紹介するために、『東洋経済日報』紙上に「明治期外交官・若松兎三郎と韓国――共生のための苦悩」と題して、二〇一五年二月一三日〜二〇一五年一一月一三日に三五回にわたって連載した。また、「明治期韓国で活躍した外交官・若松兎三郎の生涯」と題して、アジア近代化研究所の『IAM e-Magazine』第一三号、第一四号、第一六号、第一七号、第一八号の五回に分けて、二〇一五年六月一五日〜二〇一六年九月一五日に発表した。これが本書の元になっている。

本書の企画から出版に至るまで多くの方々にお世話になった。佐々木憲文氏は本書の初稿の原稿を読んで貴重な意見をいただいた。そして若松が韓国に導入した綿花を日本で栽培できないものかと岐阜の田舎で栽培を試みている。その成果に注目したい。

若松兎三郎と同郷の大分県玖珠町《くすまち》出身の衛藤征士郎《えとうせいしろう》衆議院議員は明治時代に玖珠町森村から傑出した外交官が出たという話を伝えると、郷土の誇りとして関心を示し、様々な協力を惜しみなくいただいた。改めてお礼を申し上げたい。

そして、なんといっても本書執筆に最大の刺激と勇気を与えてくれたのは、若松兎三郎が活動した当地の木浦市である。丁鍾得《チョンジョントク》前市長は「朝鮮陸地棉発祥之地」記念碑を復元し、綿花畑を造成して、若松の功績を見直すきっかけを作った。後任の朴洪律《バクホンユル》市長は朝鮮陸地綿の発祥地である高下島を綿花の島として観光スポットにする巨大プロジェクトを進めている。その過程で、韓国で忘れかけていた若松兎三郎の遺跡が評価の対象となっている。歴史認識に厳しい韓国社会において、日本と韓国の共生のために生涯を送った良心的な日本人に対し、評価の対象にしてくれた二人の市長に感謝したい。

個人的なことであるが、本書の執筆は家族の理解と協力があってこそ可能であったことを記しておきたい。パソコンの使用においてトラブルが発生すると、子供たちに助けを求めてその都度解決した。グラフや図表作成など面倒なこともすぐ対応できた。子供たちがいなかったら、恐らくギブアップしたに違いないと考えると、感謝しなければならない。

また、本書の表紙のために素晴らしい絵を描いてくださった熊本在住の坂本福治画伯、本書の企画を理解し、刊行にご尽力下さった明石書店編集部長森本直樹氏に感謝申し上げる。

なお、本書の刊行に当たって、ＮＰＯ法人東アジア政経アカデミーから刊行助成金の交付を受けたことを記しておく。

二〇一七年九月

永野慎一郎

若松兎三郎　略年譜

西暦	和暦	年齢	事項
1869	明治2		1月17日、大分県玖珠郡森町大字森370番地で、若松廣房と喜尾の三男として誕生。元来、兎三郎の祖先は中島家であった。祖父廣利は中島半助の次男に生まれ、若松家の養子となった。半助は農家より兵卒となり、50余年間森藩主久留島に仕えた。廣房は森藩の兵卒として伏見鳥羽の戦いに参加し、主として会計事務に携わった。
1875	明治8	6歳	最年少で森小学校に入学。年上の少年とともに学ぶ。
1879	明治12	10歳	4年制下等小学校卒業。森町には上級学校がなかったため、私塾に入り、園田恒四郎の下で漢学を修学する。園田を生涯の恩師として尊敬する。園田は姉トモと結婚。
1882	明治15	13歳	玖珠中学校入学。
1883	明治16	14歳	園田が京都丹波亀岡の盈科義塾教師に赴任すると、兎三郎は京都に行く旅費を稼ぐために中学を中退して隣村太田小学校助教師となる。同年12月、森町大火で若松家は全焼し家財一式を消失する。
1884	明治17	15歳	3月、修学を目的に京都に行き、亀岡の園田宅に入居し、園田の門下生となり、漢学を修める。生活費を稼ぐために隣村の佐伯小学校の助教師となる。
1885	明治18	16歳	10月、園田が篠山の鳳鳴義塾に転勤すると、兎三郎も篠山について行く。そこでチフスに感染する。40度以上の高熱を発し、知覚を全く失うほどで九死に一生を得る。
1886	明治19	17歳	6月、同志社英学校に合格。長兄・雅太郎の紹介で京都政財界の大物田中源

			太郎の知遇を得る。田中の支援を受け同志社に入学。田中は親代わりとして同志社の学費をはじめ、結婚費用に至るまですべての財政的な面倒をみてくれた。兎三郎は田中の恩恵を受け、寄宿舎に入り、学生生活を堪能しながら勉学に励む。同志社では創立者新島襄など欧米帰りの新進気鋭の教師や宣教師からキリスト教の精神に基づく良心と自由、人類愛など多様な価値観について学ぶ。英語による授業を履修する。
1887	明治20	18歳	6月18日、同志社2年生の時、金森通倫牧師よりキリスト教の洗礼を受ける。
1891	明治24	22歳	6月、同志社普通学校卒業。同時に、同志社予備学校教師となり、地理と英語を教える。同年12月、徳富蘇峰の勧めで帝国議会の見学と名士訪問の東京ツアーに参加。勝海舟、田口卯吉、大隈重信、尾崎行雄、福沢諭吉など当代の名士たちと面会し、教えを受ける。
1893	明治26	24歳	6月、田中源太郎に勧められ、東京帝国大学法学部に進学。田中は学費や生活費の支給を約束。
1896	明治29	27歳	2月、東京帝国大学在学中に文官高等試験外交科（外交官及び領事館試験）に首席で合格。3月、駐韓国公使館官補に命ぜられ、東京大学を中退し、外交官としての最初の勤務先京城公使館に赴任。領事裁判および行政事務を担当。小村寿太郎公使と原敬公使の下で外交官としての指導を受ける。
1897	明治30	28歳	3月、ニューヨーク領事館勤務を命ぜられ、ニューヨーク領事館に赴任。ニューヨークは新島襄の教えの通り「万人が平等に暮らせる理想郷」の印象を受ける。星亨および小村寿太郎公使の下で、商業および財政経済に関する業務を担当。ニューヨークを訪問する多くの著名人と接する。有栖川宮威仁

			親王、伊藤博文、近衛篤麿、加藤高明などに遭遇する。
1899	明治32	30歳	8月、2年7か月のニューヨーク領事官勤務を終えて帰国。10月12日、相馬里うと田中源太郎の媒酌で京都亀岡市の田中邸で挙式を挙げる。結婚式の費用はすべて後見人田中が負担。10月20日、清国杭州駐在領事に任命され、明治天皇の信任状を持参して杭州領事に着任。義和団事件発生のため、領事館業務ができず、翌年9月帰国。外務省通産局課長として勤務する。
1900	明治33	31歳	10月27日、長女・篤世、京都舞鶴で生まれる。
1901	明治34	32歳	3月、清国沙市領事に命ぜられ、再び中国勤務。沙市地方の綿作事情に関して調査し綿作に関する知識を得る。
1902	明治35	33歳	5月10日、韓国木浦駐在領事に命ぜられ、帰国中に農事調査のため中国巡回中の農商務省農務局長酒匂常明と韓国行の船舶の中で遭遇し、綿花栽培に関する話題で意気投合する。7月、妻・里うと長女・篤世を連れて木浦領事着任。木浦地方の綿作の状況や気候条件を調査。
1903	明治36	34歳	二女・齊子、木浦で生まれるも、7歳時平壌で病死。
1904	明治37	35歳	1月4日、山本権兵衛海軍大臣より大浦兼武逓信大臣宛に九州と韓国間の軍用海底線敷設に関する照会文を送達。山本大臣は東郷平八郎連合艦隊司令長官に軍艦明石を護衛艦として出動させるよう要請し、小村寿太郎外務大臣に在木浦領事若松兎三郎に電訓し、海底電線敷設への便宜供用を要請する。1月13日、布目満造海軍少佐は電線敷設船沖縄丸に乗船し木浦に到着し、若松兎三郎木浦領事と協議。若松領事玉島に巡査派遣。若松八口浦玉島の軍用地

1905

明治38

36歳

買収に関わる。2月12日、若松領事八口浦滞在中の東郷平八郎連合艦隊司令長官訪問。3月、朝鮮半島最初の気象観測所が八口浦・玉島に設置される。5月、若松は木浦高下島に私費で米国種陸地綿を試作する。7月7日、若松領事は小村寿太郎外務大臣宛に「韓国塩業を我官業となす義に付調査方上申の件」（機密第31号）を送付。7月26日、小村大臣機密第31号の趣旨了承の回答。8月25日、若松領事「木浦地方における製塩状況」を小村大臣宛に送付。8月31日、若松領事「製塩業試験場に関する件」（機密第35号）を小村大臣宛に送付。9月9日、小村大臣機密第35号の了承を回答。3月9日、三女・緑、木浦で生まれる。3月、原敬など政界有力者が協議し、官民合同で棉花栽培協会設立を申し立て、4月12日、東京ホテルで官民合同協議会開催。原敬、鳩山和夫など政界代表、農商務省から酒匂常明農務局長、森田茂吉商工局長、紡績連合会書記長庄司乙吉など出席。陸地綿栽培に適する全羅南道地方において再試作決議。農商務省から安藤廣太郎技師派遣。7月25日、帝国ホテルにおいて棉花栽培協会創立総会開催。貴族院議員、衆議院議員、農商務省当局者、紡績連合会役員など有志数十名が出席。7月、工学士山内一太郎木浦派遣。3か月間、木浦付近の干潟地を調査。10月11日、若松領事綿作地の綿花試作状況を視察し、「光州羅州霊岩報告」を送付。再試作地5か所の再試作結果、米国種綿花栽培に適することが判明。10月、若松領事韓国政府財政顧問目賀田種太郎に面会。陸地綿の将来の可能性について説明。全羅南道各地に陸地綿採種圃設置を提案。経費の支援を要請。目賀田顧問賛同。韓国政府の経費負担約束。若松領事は日本政府に綿作指導のた

			め専門技師の派遣を建議。技師数名派遣される。11月24日、陸地綿試作結果を受け、若松領事は小村寿太郎外務大臣宛に領事報告「米国種陸地棉試作報告」を送付。同報告書は、農商務省にも伝達される。農商務省は技師を現地に派遣して実態調査に着手する。
1906	明治39	37歳	2月、韓国統監府設置により公使館および領事館が廃止され、木浦理事庁に組織替えされ、若松兎三郎は木浦理事庁理事官（5等1級）へ転任。伊藤博文統監や木内重四郎の要請を受け外交官から内務行政官へ移籍。3月、棉花栽培協会は韓国政府より綿花栽培の委託命令を受ける。4月、統監府勧業模範場が京畿道水原に設置され、同年6月、木浦出張所が開設される。綿花栽培に関する事業はすべて木浦出張所が担当。9月11日、四女・モミヂ、木浦で生まれる。
1907	明治40	38歳	5月15日、水原で勧業模範場開場式が行われる。6月8日、棉花栽培協会から陸地綿栽培への功労に対し、若松兎三郎木浦領事に感謝状が贈られる。
1908	明治41	39歳	3月、韓国政府臨時棉花栽培所設置。5月、元山理事庁理事官へ転任（4等1級、正6位）。元山理事官在任中は赤田川修理事業を実現させ、釜山－雄基湾間の航路開設に尽力。4月19日、長男・逸、元山で生まれる。10月、韓国皇帝勧業模範場水原本部訪問。
1909	明治42	40歳	4月、平壌理事官への転任（3等2級、従5位、勲5等）の辞令を受け、京城に立ち寄り、伊藤博文統監の帰国に出会う。理事官同志による送別会が開催され、伊藤は「平壌に行くのも経験になって良いではないか」と若松を慰労する。若松は仁川港で伊藤を見送る。伊藤との最後の別れとなる。米国長

			老派宣教師モフェットの紹介で韓国キリスト教の指導者吉善宙牧師と終夜対話。吉牧師の協力で平壌では日韓併合の時、平穏裡に終わる。12月28日、次男・志廣、平壌で生まれる。
1910	明治43	41歳	10月1日、若松は平壌理事官から総督府釜山府尹（奏任官、3等級1級、従5位、勲5等）への転任。寺内正毅総督は若松に対して地方制度改正に関する意見を提出するよう命じる。若松は朝鮮の実情に即した改正案を提出。若松案不採用。若松は総督政治の下で異分子的な立場に置かれる。9年近く昇任、昇給もなく釜山府尹職に留まる。釜山府尹時代は与えられた職務の充実に務めるだけであった。
1911	明治44	42歳	5月6日、五女・昇子、釜山で生まれる。
1912	大正元	43歳	3月、棉花栽培協会解散。9月30日、六女・高子、釜山で生まれる。
1914	大正3	45歳	8月29日、三男・鞏造が釜山で生まれるが、翌年3月9日死亡する。
1917	大正6	48歳	1月3日、七女・和恵、釜山で生まれる。若松夫妻は3男7女を出産。2人は亡くなり、2男6女は成育する。
1919	大正8	50歳	5月、長女・篤世は釜山で銀行員川村建雄と結婚。23年間勤めた官職を釜山府尹で終え、正4位、勲4等を叙勲し、総督府より仁川米豆取引所社長就任要請を受ける。5月24日開催の臨時株主総会で取締役社長に選任される。同取引所再建に成功するも、総督府の意をくみ、仁川米豆取引所と京城株式市場の合併を進めていた若松社長は事態の収拾に苦労する。
1921	大正10	52歳	長女・篤世と川村建雄の間で初孫・健一郎が生まれる。
1927	昭和2	58歳	仁川取引所社長を辞任し、家族と共に25年間暮らした朝鮮を離れて京都に帰

1929	昭和4	60歳	る。京都下鴨上河原町で隠退生活する。 5月、同志社大学校友会副会長に就任。四女・モミヂ、京都府立医科大学を卒業した医師高須正夫と結婚、2男1女の孫生まれる。長女・怜子は奈良女子大学教授となる石割隆太郎と結婚。長男・俊明は東京大学医学部を卒業して日本大学医学部教授を務める。次男・健次は京都大学医学部卒業後、静岡で高須神経内科医院を開業。
1930	昭和5	61歳	5月、左京区浄土寺馬場町20番地に新居を建てる。
1931	昭和6	62歳	8月、三女・緑、岡本神草画伯と結婚。
1933	昭和8	64歳	2月、岡本神草急逝。8月、三女・緑、病死（28歳）。
1934	昭和9	65歳	4月、五女・昇子、医師山名重文と結婚し、1男2女の孫生まれる。
1935	昭和10	66歳	7月、六女・高子、映画プロデューサー絲屋寿雄と結婚。
1936	昭和11	67歳	1月、長男・逸、朝鮮銀行副総裁（後に総裁）松原純一の長女・保子と結婚し、1男1女の孫生まれる。
1937	昭和12	68歳	東亜博愛会を組織し、在日朝鮮人の「一時帰鮮証明」発行のために京都府知事および警察部長に働きかける。また、京都韓国人キリスト教会礼拝堂の使用許可を府知事や警察部長に陳情する。7月、次男・志廣、山田多美と結婚し、1男5女の孫生まれる。
1938	昭和13	69歳	1月2日、長男・逸と保子の間で直家孫正身が釜山で生まれる。5月、同志社大学校友会第17代会長に選任される。7月、七女・和恵、建築家島田正二と結婚し、2女の孫生まれる。10月、同志社社長（現在の総長）として大学発展に寄与した下村孝太郎先生追悼会を開催し、『下村先生追悼録』を刊行

			する。
1939	昭和14	70歳	同志社大学常任理事に就任し、１９４０年から１９４７年まで教務部長を兼務する。
1940	昭和15	71歳	同志社創立者新島襄50年忌に記念事業を企画し、熱海の別荘に静養中の徳富蘇峰を訪問して相談する。徳富翁の発意により東京で新島襄遺品展覧会および記念講演会を開催。徳富蘇峰と永井柳太郎が講演する。『新島先生記念集』と『新島先生書簡集』が同志社校友会から刊行される。
1944	昭和19	75歳	12月19日、妻・里う、享年67歳で死去。
1947	昭和22	78歳	終戦前後の混乱期に9年間務めた同志社校友会会長を退任。
1950	昭和25	81歳	若松兎三郎の自叙伝『自己を語る』を家族に遺す。
1953	昭和28	84歳	12月2日、交通事故により帰天。

著者紹介

永野慎一郎（ながの・しんいちろう）

大東文化大学名誉教授、NPO 法人　東アジア政経アカデミー代表。
1939年韓国生まれ、早稲田大学大学院政治学研究科修了、英国シェフィールド大学 Ph.D.
国際政治、東アジア国際関係論、日韓関係史専攻。
大東文化大学経済学部教授、同大学院経済学研究科委員長など歴任。
［主要著書］
『現代国際政治のダイナミクス』（共著、早稲田大学出版部、1989年）、『アジア太平洋地域の経済的相互依存——民族と国家を超えて』（編著、未来社、1997年）、『日本の戦後賠償——アジア経済協力の出発』（共編、勁草書房、1999年）、『世界の政治指導者50人』（編著、自由国民社、2002年）、『世界の起業家50人——チャレンジとイノベーション』（編著、学文社、2004年）、『相互依存の日韓経済関係』（単著、勁草書房、2008年）、『韓国の経済発展と在日韓国企業人の役割』（編著、岩波書店、2010年）など。

日《にっ》韓《かん》をつなぐ「白《しろ》い華《はな》」綿《わた》と塩《しお》
明《めい》治《じ》期《き》外《がい》交《こう》官《かん》・若《わか》松《まつ》兎《と》三《さぶ》郎《ろう》の生《しょう》涯《がい》

2017年10月25日　初版第１刷発行

著　者　永 野 慎 一 郎
発行者　石　井　昭　男
発行所　株式会社　明石書店
〒101-0021　東京都千代田区外神田 6-9-5
電　話　03（5818）1171
ＦＡＸ　03（5818）1174
振　替　00100-7-24505
http://www.akashi.co.jp
装　幀　明石書店デザイン室
印刷・製本所　モリモト印刷株式会社

（定価はカバーに表示してあります）　ISBN978-4-7503-4578-9